rororo sport –
Herausgegeben von Bernd Gottwald

Vom Anfänger
zum Könner

Sebastian Höher

Einradfahren

Mit Fotos von Heinz Karstädt
und Zeichnungen von Anna Bade

Rowohlt

SPORT rororo

Der Autor bedankt sich besonders bei Eckhard Euen
und bei Adrian Voßkühler, Anja Geißler,
Philipp Sünderhauf, Angela Luce-Höher, Ditta Ruppenthal,
Wulf Karstädt und Claus Paetzold.

Originalausgabe

Veröffentlicht im Rowohlt Taschenbuch Verlag GmbH,
Reinbek bei Hamburg, Juli 1991

Umschlaggestaltung Peter Wippermann / Jürgen Kaffer
(Foto: Nico Weymann)
Bildquellen: siehe Seite 174
Layout Angelika Weinert
Satz Times (Linotronic 500)
Gesamtherstellung Clausen & Bosse, Leck
Printed in Germany
ISBN 3 499 18654 3

5. Auflage Januar 2002

Inhalt

Grundtechniken des Einradfahrens 50

Fahren 61

Einführung

Dieses Buch richtet sich an Mädchen und Jungen, Frauen und Männer, an Kinder, Jugendliche und Erwachsene jeder Altersstufe. Das Buch erklärt grundlegende und fortgeschrittene Techniken auf dem Einrad und auf dem Hoch-Einrad und zeigt, wie man diese Techniken lernen kann. Es beschreibt die wichtigsten Aufstiegs- und Fahrtechniken und regt durch über 100 Übungsaufgaben und viele Trainingstips zum eigenen Ausprobieren, Lernen und Üben an. Durch die Vielzahl der beschriebenen Techniken und der Übungsaufgaben sorgt dieses Buch auch dafür, daß beim Einradfahren auch nach längerer Zeit keine Langeweile aufkommen kann und daß das Fahren und Üben im Laufe der Zeit nichts von seiner Faszination verliert. Das Buch ist so aufgebaut und so geschrieben, daß damit jede(r) das Einradfahren lernen kann. Zusätzlich zum Hauptteil des Buchs, der den Weg vom Anfänger zum Könner auf dem Einrad zeigt, informiert das Buch über viele andere Themen, die für Einradfahrer(innen) von Interesse sind. Diese Themen sind Ausrüstung und Sicherheit, einige Aspekte des Bewegungslernens, Jonglieren auf dem Einrad, das Fahren auf Hoch-Einrädern, die Physik und die Geschichte des Einradfahrens.

Einradfahren ist der freudvollste, aber auch der anspruchsvollste Weg des Radfahrens. Das Buch wird durch seine Erklärungen der wichtigsten Techniken auf dem Einrad und durch seine Tips und Anregungen eine gute Hilfe auf diesem Weg sein. Den entscheidenden Schritt zum Erfolg kann die Leserin oder der Leser jedoch nur beim eigenen Üben mit dem Einrad machen. Wer gut auf dem Einrad fahren können will, muß beim Üben und Lernen seine besten Eigenschaften einsetzen. Diese Eigenschaften sind *Enthusiasmus, Geschicklichkeit* und *Ausdauer*.

Warum Einradfahren?

Seit der Erfindung des Fahrrades fährt es sich gut auf zwei Rädern. Radfahren läßt sich schnell erlernen, und schon nach wenig Übung kippt man mit einem Zweirad nicht mehr um. Mit Licht und Schutzblechen versehen, ist das Zweirad auch bei Dunkelheit oder Regen ein gutes Fortbewegungsmittel. Eine Gangschaltung erlaubt kraftsparendes Treten. Mit dem Lenker läßt sich die Fahrtrichtung dirigieren, auf dem Lenker kann man sich beim Fahren bequem aufstützen. Auf und mit dem Zweirad lassen sich verschiedene Dinge transportieren.

Alle diese Vorzüge bietet ein Einrad leider nicht. Im Gegenteil. Es ist das instabilste Fahrzeug, was man sich vorstellen kann. Licht und Schutzbleche fehlen. Da eine Gangschaltung ebenfalls fehlt, kann von kraftsparendem Treten keine Rede sein. Als Transportmittel eignet sich das Einrad auch nicht. Wieso sollte man also ausgerechnet einradfahren?

1. Einradfahren macht Spaß. Es macht Spaß, der Schwerkraft ständig zu trotzen und die Gesetze der Physik scheinbar auszutricksen.
2. Das Einrad ist eine Herausforderung. Es ist die Herausforderung, die schwierigste Form des Radfahrens zu meistern. Die Herausforderung, durch eigenes Beharrungsvermögen und eigene Geschicklichkeit nach etlichen Stürzen doch sicher darauf zu fahren. Einmal gelernt, macht es Spaß, es zu können, und kann so interessant und lustvoll sein, wie andere Sportgeräte zu beherrschen: ein Surfbrett, ein Skateboard, ein Paar Ski oder ein Segelboot.
3. Das Einradfahren bietet sportlich sehr viel. Es ist eine sehr gute Konzentrations- und Koordinationsschulung und kann auch ein gutes Beinkrafttraining sein. Das Gleichgewichtsgefühl wird stark ausgeprägt. Wegen dieser Eigenschaften eignet sich das Einradfahren auch zur Unterstützung und Ergänzung aller anderen Sportarten, bei denen es auf die oben erwähnten Eigenschaften ankommt.

Ski-As Armin Bittner

So können Windsurfer an Flautentagen ihren Gleichgewichtssinn an Land auf dem Einrad trainieren. Beim Skifahren und Eiskunstlaufen kann es sinnvoll sein, das Einradfahren beispielsweise in das Sommertraining mit aufzunehmen.
Hobbysportler, die nicht unvorbereitet in die Skisaison starten wollen, mindern durch vorbereitende Kraft- und Koordinationsübungen auf dem Einrad das Verletzungsrisiko. Pfiffige Leistungssportler der o. g. Sportarten bauen das Einradfahren mit in das Sommertraining ein.

4. Einradfahren ist ein Sport, in der ein Könnensstand oder eine Meisterschaft erlangt werden kann wie in anderen Sportarten auch. Nach entsprechender Übung gelingt es, leicht und entspannt zu fahren, verschiedene Fahrtechniken und das Rad mühelos und spielerisch zu beherrschen. Die Übungszeit auf dem Einrad wird auf dem Weg vom Anfänger zum Könner nicht langweilig, weil die koordinativen Eigenschaften ständig aufs neue gefordert werden.
5. Einradfahrer sind Gewinner. Organisierte Wettkämpfe, mit der Möglichkeit zu verlieren, spielen beim Einradfahren keine Rolle. Während in anderen Sportarten Sportler häufig gegeneinander spielen oder kämpfen, ist ein Gegeneinander beim Einradfahren die Ausnahme. Die Bedeutungslosigkeit von Wettkämpfen heißt aber nicht, daß der Ehrgeiz beim Einradfahren begraben ist, im Gegenteil. Einradfahrer wollen aber niemanden besiegen und auch von niemandem besiegt werden, sie wollen sich durch Übungsspaß verbessern und ihr Können genießen. So gewinnen sie, aber nicht um den Preis, andere zu Verlierern zu machen.
6. Einradfahren ist leichter, als es zuerst aussieht, es kann bei entsprechender Anleitung und Übung von jedem realisiert werden. Einige Meter auf dem Einrad geradeaus zu fahren ist ungefähr so schwierig wie das Erlernen des Zweiradfahrens ohne helfende Stützräder für ein kleines Kind.
7. Vom Babyalter abgesehen, kann das Einradfahren in jedem Alter begonnen und gelernt werden. Egal ob Kind, Jugendlicher oder Erwachsener, der Wille zum Lernen, nicht das Alter, ist der wichtigere Faktor.
8. Einradfahrer brauchen nicht Mitglied in irgendeinem Sportverein zu sein, sie brauchen sich nicht an feste Trainingszeiten und Trainingsorte zu halten. Sie fahren und üben, wann sie Zeit und Lust dazu haben.
9. Einradfahren ist Entspannung durch Konzentration. Was eigentlich wie ein Widerspruch klingt, ist beim Einradfahren kein Gegensatz. Die Konzentration auf das Balancehalten verlangt anfangs die vollständige, ungeteilte Aufmerksamkeit. Die Entspannung wird dadurch erreicht, daß die Alltagsgedanken während dieser Konzentration keinen Platz mehr im Kopf haben und verschwinden.

© Disney

Einradfahrer werden wegen ihrer enormen Fahrkünste und wegen ihres Einfallsreichtums überall auf der Welt bestaunt und bewundert.

Sicher gibt es noch andere Gründe, die das Einradfahren attraktiv machen können. Da wären z. B. die im Vergleich zum normalen Zweiradfahren erweiterten technischen Möglichkeiten durch radikale Richtungsänderungen, durch Rückwärtsfahren und durch Sprünge. Da ist die Möglichkeit, die freien Hände beispielsweise zum Jonglieren zu benutzen. Da ist die Hoffnung, daß das äußerlich erlangte Gleichgewicht auch das innere Gleichgewicht stärken kann, und da ist die Gewißheit, daß Radfahren in dieser Form eine umweltverträgliche sportliche Betätigung ist.

Aus diesen Teilen ist ein Einrad zusammengesetzt

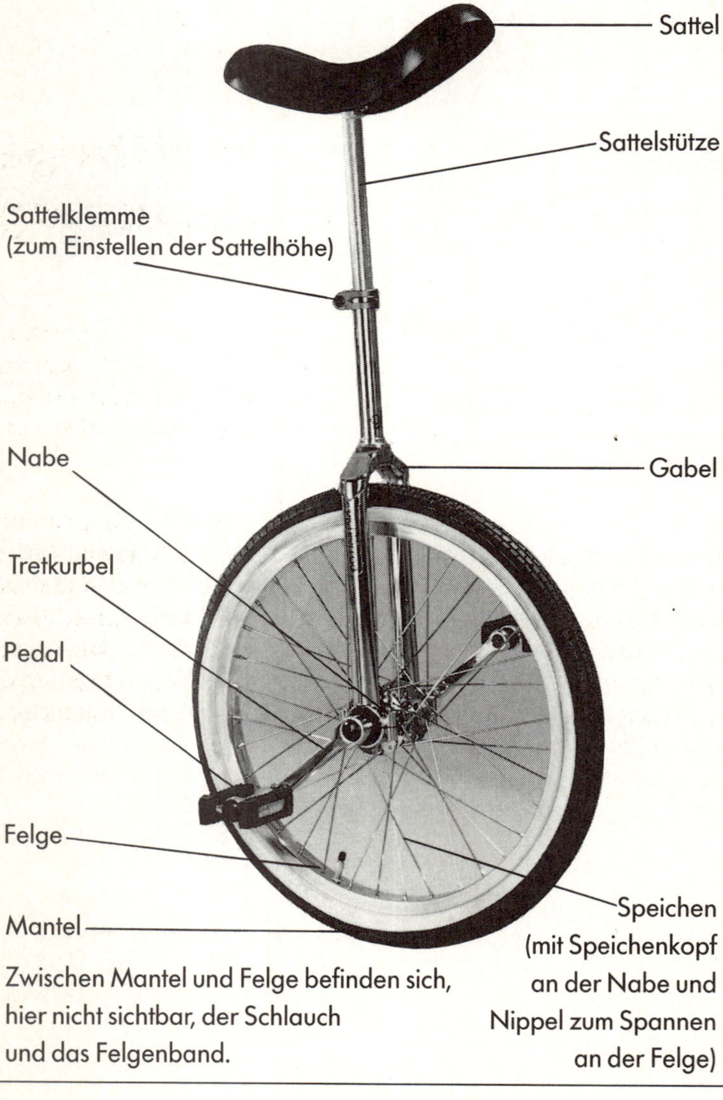

Zwischen Mantel und Felge befinden sich, hier nicht sichtbar, der Schlauch und das Felgenband.

Die richtige Ausrüstung

In diesem Abschnitt wird über das Sportgerät Einrad informiert, es soll ein kurzer Überblick über die Technik des Einrads und über Einräder in gängigen Variationen gegeben werden. Da Einräder weltweit in einer großen und unübersehbaren Vielfalt hergestellt werden, können nicht alle Fabrikate erwähnt oder vorgestellt werden.

Bei normalen Einrädern befinden sich die Tretkurbeln direkt an der Nabe. Einräder, bei denen der Fahrer so hoch sitzt, daß der Reifen mit Bodenkontakt nicht direkt angetrieben werden kann, werden als Hoch-Einräder (Giraffen) bezeichnet (Seite 132ff). Einräder, denen Gabel und Sattel fehlen, werden als «Ultimate-Wheels» bezeichnet (Seite 134). Alle anderen mit Muskelkraft betriebenen Fahrzeuge, die normalerweise mit mehr als einem Rad beim Fahren Bodenkontakt haben, sind, logisch, keine Einräder.

Das Rad: ein vielfältiges Angebot

Neue Einräder können in gut ausgestatteten, meist großen Fahrradgeschäften, in Läden, die sich auf Artisten- und Jonglierbedarf spezialisiert haben und beim Hersteller selbst gekauft werden (siehe Adressenliste im Anhang). Auch der auf Räder spezialisierte Versandhandel bietet Einräder an. Gebrauchte Einräder werden am besten durch Kleinanzeigen gesucht und gefunden.

Wie bei allen technischen Erzeugnissen gibt es auch bei Einrädern Qualitätsunterschiede und Unterschiede in der Bauweise. Die Größe des Rads ist das wichtigste Merkmal bei einem Einrad, sie wirkt sich entscheidend auf das Fahrverhalten aus.

Die gängigsten Radgrößen sind 16″-Räder (als Einrad für Kinder unter 10 Jahren), 20″-Räder und 24″-Räder.

Einräder werden mit vielen verschiedenen Radgrößen angeboten. Die Radgrößen werden in Zoll (″) angegeben. Ein Zoll entspricht 2,54 cm. Die Größenangaben beziehen sich auf den Durchmesser des Rads. Ein 20″-Rad hat einen Durchmesser von ca. 50,8 cm und einen Umfang von 159,6 cm. Da (fast) jedes Einrad eine 1:1-Übersetzung hat, werden mit einem 20″-Rad bei einer ganzen Tretkurbelumdrehung 159,6 cm zurückgelegt.
Die Radgröße beeinflußt entscheidend das Fahrverhalten. Je kleiner ein Rad ist, desto wendiger ist es. Je kleiner das Rad aber ist, desto häufiger muß getreten werden. Das Treten ist jedoch wegen des kleinen Rads wenig anstrengend. Ein großes Rad hat entgegengesetzte Eigenschaften: weniger wendig, dafür raumgreifendes, aber kraftraubendes Treten. Um 100 m weit zu fahren, müssen auf einem 16″-Rad ca. 78 volle Tretkurbelumdrehungen getreten werden, auf einem 26″-Rad nur ca. 48. Mit der Gangschaltung an einem normalen Zweirad kann man folgenden Vergleich zum Kraftaufwand auf einem Einrad ziehen: 1. Gang: 16″, 2. Gang: 20″, 3. Gang: 24″, 4. Gang: 26″, 5. Gang: 28″ (Siegmon). Die Angebotspalette unterschiedlicher Hersteller beinhaltet u. a. folgende Reifengrößen:
12″, 16″, 18″, 20″, 24″, 26″, 27″, 28″.

Weitere Detailunterschiede bei der technischen Ausstattung von Einrädern:

Sattel

Das wichtigste ist, der Sattel erlaubt ein bequemes Sitzen über längere Zeit. Beim Kauf empfiehlt sich daher eine längere Sitzprobe. Wer noch nicht Einrad fahren kann, sollte für das Festhalten bei dieser Sitzprobe einige Freunde oder Freundinnen mitbringen. Sehr billige Sättel halten starke Beanspruchungen nicht immer gut aus, viele Stürze können zur vorzeitigen Deformation führen. Als Konturensattel wird ein Sattel bezeichnet, der vorne und hinten jeweils etwas breiter wird. Ein solcher Sattel, noch dazu, wenn er vorn und hinten etwas hochgehoben ist, gibt meist einen guten Sitz und Halt. Sehr flache Sättel sind meist weniger gesäßfreundlich, alle Fahrtechniken, die mit Herausnehmen des Sattels während der Fahrt verbunden sind (siehe Seite 115 ff), gelingen mit einem geraden und flachen Sattel leichter. Einige Sättel haben Metallbügel an der Vorder- und an der Rückseite.

Diese Bügel schützen den Sattel beim Sturz zwar vor Beschädigungen, im ungünstigen Fall kann man sich in dem Spalt zwischen Bügel und Sattel die Finger einklemmen.

Sattelstütze

Viele Befestigungspunkte verleihen der Verbindung der Sattelstütze mit dem Sattel Stabilität. Die Länge des Rohrs bestimmt den Bereich der Höhenverstellbarkeit.

Sattelklemme

Eine stufenlos verstellbare Klemme garantiert eine optimal einzustellende Sitzhöhe. Diese Klemme kann aber bei starker Belastung oder minderwertiger Ausführung verrutschen oder verdrehen. Eine einrastende oder durch Löcher gesicherte Sattelklemme bietet zwar keine stufenlose Verstellbarkeit, bei einigen Einrädern dafür aber Verstellmöglichkeiten in Stufen von jeweils 2,5 cm. Auch das dürfte genügen, um eine gute Sitzposition zu finden, und es ist eine absolut rutsch- und drehfeste Befestigung.

Gabel

Angebotene technische Lösungen sind massive und teilbare Gabeln.

Tretkurbel

Eine Vierkantkurbel ist eine bessere Lösung als eine Keilkurbel, der Sitz ist stabiler und dauerhafter. Welche Tretkurbel angebracht werden kann, hängt von der Nabe ab. Die Länge der Tretkurbeln wirkt sich auch auf die Fahreigenschaften des Rads aus. Eine längere Tretkurbel beschreibt bei jeder Umdrehung einen längeren Weg, das Fahren wird kraftsparender, die kürzere Tretkurbel ist zwar kraftraubender, erlaubt durch den kürzeren Weg allerdings höheres Tempo.

Pedale

Pedale, außer einigen wenigen (Kinder-)Modellen, beinhalten Kugellager. Die Haltbarkeit und Belastbarkeit der Pedale hängt weitgehend von der Qualität dieser Kugellager ab. Für Einräder eignen sich Gummiblock-Pedale mit großflächiger Trittfläche und rutschfester Profilierung.

Nabe und Speichen

Die Kugellager spielen für die Qualität der Nabe die entscheidende Rolle. Gut gegen Staub und Dreck abgekapselte Kugellager erhöhen die Lebensdauer der Nabe. Je nachdem, wie die Verbindung zwischen Felge und Nabe über die Speichen hergestellt ist, wirken (Brems-)Kräfte mehr auf Speichen oder Nabe ein. Dabei ist es wichtig, wie oft die Speichen zwischen Nabe und Felge über andere Speichen geführt sind, wie oft diese also gekreuzt sind. Bei einem normal (1- bis 4fach gekreuzt) eingespeichten Rad wirken enorme Kräfte über die Speichen auf die Nabe. Dabei ist die Belastung um so größer, je häufiger die Speichen gekreuzt sind. Kreuzen sich die Speichen gar nicht, wird eine solche Vorgehensweise als radiales Einspeichen bezeichnet. In diesem Fall ist die Belastung der Nabe geringer, die der Speichen aber größer. Je weniger gekreuzt die Speichen sind, um so mehr Belastung lastet auf den Speichen und hier insbesondere auf dem Speichenkopf, der im Extremfall brechen kann.

Felge

Felgenbreiten reichen von sehr schmalen Kunstradfelgen mit 1¼″ über 1⅜″ (Hollandradbreite) und 1,75″ (Tourenradnormalgröße) bis zu sehr breiten 2,125″ (Mountain-Bikebreite). Die gängige Breite bei Einradfelgen ist 1,75″.

Mantel

Für das Einradfahren empfiehlt sich ein möglichst flaches Profil, was ein ruhigeres Fahrgefühl ergibt. Ein rundum abgefahrener Reifen, also ein profilloser Mantel, wird oft als angenehm empfunden. Mäntel mit sehr starkem Profil erzeugen ein leichtes Vibrieren beim Fahren. Für Fahrten auf Hallenböden sind helle oder farbige Reifen geeignet.

Einige Hersteller bieten neben Standardausführungen auch Einräder nach Kundenwünschen an. Man kann sein Einrad also auch als individuell zusammengestelltes ‹Gesamtkunstwerk› bestellen. Für diejenigen, die kein ordinäres Einrad fahren wollen, ein Beispiel zur Anregung der Phantasie:

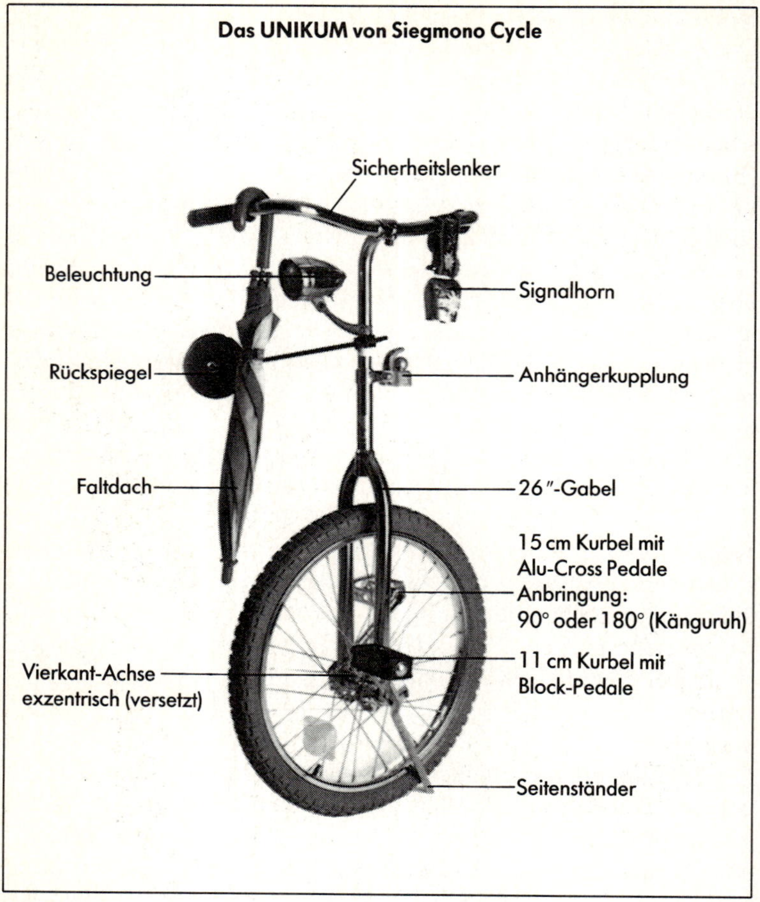

Unikum

Wer über Basteltalent verfügt, kann sich ein normales oder ein verrücktes Einrad auch selbst bauen. Hier ist (fast) alles erlaubt, denn bei der Gestaltung eines Einrads gibt es nur ein Limit: Nur *ein Rad* darf Kontakt zum Boden haben. An welcher Stelle und in welcher Höhe der Sattel angebracht ist, ob die Nabe im Rad zentrisch oder exzentrisch angebracht ist, ob nur eine oder zwei Tretkurbeln angebracht sind, steht jedem frei.

Daniel Düsentrieb zeigt, was nicht jedem Konstrukteur gelingt: Ein ausgefallenes Einrad zu bauen und dann auch noch sicher darauf fahren zu können.

Das richtige Rad wählen

Bevor ein Einrad angeschafft wird, ist es ratsam, sich über folgende Fragen Klarheit zu verschaffen:

1. Was will ich mit dem Einrad anfangen?
2. Welche Radgröße ist am günstigsten?
3. Wieviel kostet ein Einrad?
4. Sind meine Größe und mein Gewicht für jedes Einrad geeignet?

1. Um gelegentlich auf dem Einrad zu fahren, braucht man sich kein teures oder extrem stabiles Rad anzuschaffen, für reine Freizeitfahrer reicht das preisgünstige Standardmodell. Wer allerdings schon vor dem Kauf spürt, daß ihn der Einrad-Bazillus befallen hat, kauft ein sehr stabiles, wahrscheinlich etwas teureres Rad.
2. Für Kinder eignet sich ein 16″-Rad, für erwachsene Anfänger ein 20″- oder ein 24″-Rad. Die Fahrtechnik fällt auf dem 20″-Rad zuerst etwas leichter, durch das etwas kleinere Rad hat der Anfänger noch mehr Nähe zum Boden und fährt damit sicherer. Das kleinere Rad fährt aber auch etwas unruhiger. Anfänger, die auch einmal längere Distanzen zurücklegen wollen und auf größere Laufruhe beim Fahren Wert legen, kaufen ein 24″-Rad. Liegen die Übungsmöglichkeiten überwiegend z. B. in einem kleinen Kellerraum, wird ein kleines, wendiges Rad gewählt. Beinkrafttraining auf dem Einrad geht am besten mit einem größeren Rad.
3. Billige Importräder (meist) aus Asien sind teilweise schon für etwas mehr als die Hälfte des Preises eines als gut und stabil geltenden Rads aus deutscher oder europäischer Produktion zu haben. Da die Preise sich ständig verändern, lohnt eine Anfrage bei Herstellern und Vertreibern.
4. Für Kinder oder für leichtere Personen genügt ein Einrad mit 28 normalen, 2 mm dicken Speichen. Das Einrad für Erwachsene sollte mit 36 Speichen ausgestattet sein. Für besonders schwergewichtige Fahrer werden auch verstärkte Speichen (2,34 mm; 2,6 mm) angeboten. Auf dem Sattel sitzend muß die Fahrerin oder der Fahrer mit dem Fuß auch im unteren Umkehrpunkt bequem auf dem Pedal aufsetzen können. Ist dies bei geringster Sattelhöhe nicht möglich, muß ein kleineres Einrad angeschafft werden.

Die beiden haben das richtige Rad für ihre Größe gefunden.

Bei fast ausgestrecktem Bein im unteren Umkehrpunkt hat der Sattel die richtige Höhe.

Das Rad einstellen

Beim richtigen Einstellen des Einrads kommt es darauf an, die individuell richtige Höhe der Sattelstütze zu ermitteln. Sie ist dann richtig, wenn der Fahrer oder die Fahrerin aufrecht auf dem Sattel sitzt, der Fuß mit der Mitte der Sohle auf das Pedal aufsetzt und wenn das Kniegelenk beim Treten in der untersten Pedalstellung fast gestreckt ist. Einige Fahrer bevorzugen es, den Fußballen auf das Pedal aufzusetzen. Auf diese Art und Weise soll eine besonders gute Pedalkontrolle ermöglicht werden. In der Anfangsphase ist eine etwas zu niedrige Sattelhöhe kein Problem, hier geht es darum, das Fahren zu lernen und nicht um besonders schönes Fahren.

Sobald es problemlos geht, sollte mit der richtigen Sattelhöhe gefahren werden, um sich nicht zu lange an einen kraftraubenden und manchmal auch etwas plumpen Fahrstil zu gewöhnen. Fortgeschrittene können allerdings mit dieser Einstellmöglichkeit ein wenig spielen und beispielsweise mit geringster Sattelhöhe im «Entengang» fahren.

Kleidung

Beim Einradfahren kann ganz normale Alltagskleidung getragen werden, wenn die Fahrtechnik sicher und die Fahrzeit nicht zu lang ist. Wird aber längere Zeit gefahren, ist es günstig, die Wahl der Kleidungsstücke auf das Einradfahren einzustellen.
Die Kleidung ist besonders an den Stellen von Bedeutung, an denen es ständige Berührungen zwischen Fahrer und dem Rad gibt. Da diese Stellen die Füße und der Bereich Gesäß/innere Oberschenkel sind, empfiehlt es sich, richtige Schuhe und Hosen zu tragen. Geeignete Schuhe sind Sportschuhe mit einer nicht zu dicken, aber profilierten Sohle. Die Schnürsenkel der Schuhe dürfen nicht zu lang sein, sie können sich im Rad oder beim Hoch-Einrad in der Kette verfangen. Erst wenn die Fahrtechnik sehr sicher ist, kann man dazu übergehen, Gymnastikschuhe mit einer äußerst dünnen Sohle zu tragen. Als Hosen eignen sich Radfahrerhosen mit einem eingenähten Hosenpolster. Dieses Hosenpolster besteht entweder aus einem speziellen synthetischen Material oder aus Leder. Unter einer Radfahrerhose wird keine Unterhose getragen. Beim längeren Einradfahren mit einer normalen Unterhose wird man sehr bald feststellen, daß sich die Naht der Unterhose langsam aber sicher in das (Sitz-)Fleisch einarbeitet. Die Folge ist dann eine Trainingszwangspause.
Ein überlanges T-Shirt, das außerhalb der Hose bis in Sattelnähe reicht, kann Schwierigkeiten beim Greifen unter den Sattel zum Festhalten des Rads verursachen.
Handschuhe werden dann zu einem wichtigen Ausrüstungsgegenstand, wenn es in bestimmten Lernphasen zu häufigen Kontakten der Hände mit anderen Objekten (Hauswand, Zaun, Boden) kommt.

Pflege

Das Einrad als Sportgerät benötigt je nach Häufigkeit und Art der Benutzung mehr oder weniger Pflege und Wartung. Einige Teile unterliegen dem normalen Verschleiß.
Vom Reifen abgesehen, betrifft der Verschleiß in den ersten Lernphasen hauptsächlich die Pedale und den Sattelüberzug. Wenn man das Rad beim Sturz nicht festhalten kann, werden diese Teile besonders in Mitleidenschaft gezogen, sie müssen daher von Zeit zu Zeit ausgetauscht werden. Der Sattelüberzug wird lediglich abgezogen und ein neuer wird aufgezogen, der Zeitaufwand für diese Aktion ist nur gering. Einige Minuten werden benötigt, um ein Pedal auszutauschen. Zum Ab- und Anschrauben wird ein möglichst flacher und langer Maulschlüssel benutzt, Schlüsselgröße 15. Sowohl die Tretkurbeln als auch die Pedale tragen mit R und L Seitenbezeichnungen, die zusammenpassen müssen. Beim Festziehen des Pedals in der Tretkurbel ist unbedingt auf festen Sitz zu achten, bei nur lockerem Sitz des Pedals kann durch die großen Kräfte, die beim Aufsteigen und Fahren auf Tretkurbel und Pedale wirken, das Gewinde in der Tretkurbel leiden. Zum Auswechseln einer defekten Tretkurbel muß ein Kurbelabzieher benutzt werden, der von außen in das Tretkurbelgewinde in Höhe der Nabe eingeschraubt wird.

Besondere Aufmerksamkeit verdient die Außenhaut des Reifens, der Mantel. Da Richtungsänderungen auf dem Einrad zumeist bei bestimmten Pedalstellungen ausgeführt werden, wird bei der am (kettenlosen) Einrad obligatorischen 1 : 1-Übersetzung der Mantel ungleichmäßig abgefahren. So sind schon nach einiger Übungszeit (in Abhängigkeit von der Rauhigkeit des Bodenbelags) 2 Stellen am Reifen sehr stark abgefahren, andere erscheinen kaum benutzt. Damit nicht ständig abgefahrene Reifen erneuert werden müssen, empfiehlt es sich, den Mantel, noch bevor er an einigen Stellen völlig runtergefahren ist, um eine Vierteldrehung zu verschieben. Dazu wird die Luft aus dem Reifen gelassen, und der Mantel wird so weit von der Felge gelöst, daß er sich bewegen läßt. Nach der Vierteldrehung wird der Mantel wieder auf die Felge gezogen, und der Reifen wird aufgepumpt. So läßt sich die Lebensdauer des Mantels verlängern.

Ein neu gekauftes Rad läuft fast immer ideal rund, die Speichen sind vom Hersteller gleichmäßig angezogen. Durch Benutzung des Rads kann die Gleichmäßigkeit der Speichenspannung aber gestört werden, im Extremfall so, daß sich eine ‹Acht› einstellt. Ob dies tatsächlich der Fall ist, kann durch eine optische Kontrolle des sich drehenden Rads erkannt oder durch ein Zentriergerät genau festgestellt werden. Diese Geräte gibt es im Fahrradzubehörhandel. Mit Hilfe eines Zentriergeräts läßt sich eine ‹Acht› auch am besten aus dem Rad entfernen; das Gerät erlaubt es, genau festzustellen, welche Speichen in welcher Weise nachgezogen werden müssen.

Speichen können durch einen radikalen Fahrstil so belastet werden, daß sie brechen. Die Speichen brechen dabei häufig durch extreme Bremskräfte, die am Speichenkopf, der sich an der Nabe befindet, angreifen. Solche Bremskräfte können beispielsweise dann auftreten, wenn abrupt vom Fahren zum Pendeln übergegangen wird. Nach dem Bruch einer Speiche sollte sofort eine neue eingezogen werden. Wenn man sich keine ‹Acht› in das Rad einfangen will, ist der schnelle Austausch einer gebrochenen Speiche ein Muß. Die richtige Spannung dieser neuen Speiche kann durch das Testen der Speichenspannung mit den Fingern oder durch eine Hörkontrolle festgestellt werden. Dabei werden die Speichen mit einem Schraubenzieher leicht angeschlagen – Speichen mit gleicher Spannung erzeugen auch den gleichen Klang.

Die Kette bei einem Hoch-Einrad ist sauber und trocken zu halten. Da es beim Aufstieg immer wieder zum Kontakt Fahrer–Kette kommt, wird die Kette im eigenen Interesse nur leicht gefettet.

Das Rad und alle beweglichen Teile sollten zumindest ab und zu ein wenig gesäubert werden.

Damit man nicht bei jedem kleinen technischen Defekt zum Händler losziehen muß, empfiehlt es sich, einige Werkzeuge und Ersatzteile selbst vorrätig zu haben. Solche Vorratswirtschaft zahlt sich besonders dann aus, wenn an Wochenenden oder in den Ferien weitab vom nächsten Fahrradladen etwas kaputtgeht:

TEILE

- Ventile
- Schlauch
- Mantel
- Tretkurbel
- Pedale
- Luftpumpe
- Sattelüberzug
- Speichen mit Nippel

WERKZEUG

- 15er Maulschlüssel zum Lösen und Befestigen der Pedale
- Mantelheber zum Reifenwechsel
- Nippelspanner zum Einstellen der Speichenspannung
- Kurbelabzieher zum Lösen der Tretkurbeln

Sicherheit zuerst

Stürze, unelegante Abgänge und manchmal auch etwas ungewollte Komik gehören leider zu den ständigen Begleitern der Einradanfänger. Fortgeschrittene, die neue Techniken üben, werden auch, öfter als ihnen lieb ist, absteigen müssen. Fortgeschrittene, die nie mehr absteigen müssen, fahren nicht an ihrer Leistungsgrenze und werden sich nur mäßig verbessern können, oder sie sind perfekt. Da aber Stürze zum Einradfahren gehören, lediglich der Zeitpunkt vorher nicht bekannt ist, können schon vorher bestimmte Sicherheitsvorkehrungen getroffen werden.

Verletzungen vermeiden

Beim Einradfahren passieren kaum schwere Unfälle, als Unfallfolgen stellen sich meistens Bagatellverletzungen ein. Eine Statistik über die Häufigkeit bestimmter Verletzungen beim Einradfahren gibt es nicht. Aus dem (Zwei-)Radsport weiß man aber, daß die Bereiche Kopf (19%), untere Extremitäten (25%) und obere Extremitäten (40%) am häufigsten von Verletzungen betroffen werden.
Kopfverletzungen kommen beim Einradfahren wesentlich seltener vor, schwere gesundheitliche Beeinträchtigungen sind wegen des geringeren Tempos von Einrädern ebenfalls weniger wahrscheinlich. Um Verletzungen weitgehend zu vermeiden, ist es wichtig zu wissen, daß bei etlichen Stürzen das Einrad noch kurzzeitig gesteuert werden kann. Fällt das Einrad in Laufrichtung des Rads vorwärts oder rückwärts, rutscht es meistens unter der Fahrerin oder dem Fahrer weg, so daß man auf den Beinen aufkommen kann.

Gefährdete Körperteile

Folgende Körperteile können beim Einradfahren häufiger durch Verletzungen gefährdet werden:

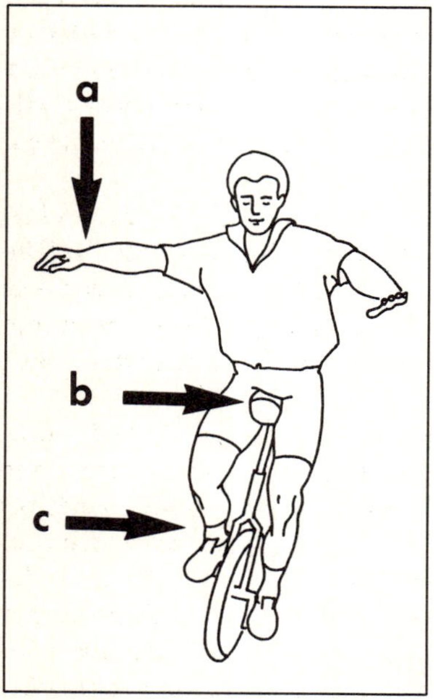

a: Obere Extremitäten
b: Sitzbereich
c: Untere Extremitäten

Obere Extremitäten

Bei einem Sturz werden die Hände häufig zum Abstützen des Körpers benutzt. Stürze auf rauhem Untergrund können zu Schürfwunden führen. Im ungünstigsten Fall können bei heftigen Stürzen so große Kräfte auftreten, daß die Handgelenke gestaucht werden.
Auch durch den Versuch, einen Sturz dadurch zu verhindern, daß man sich an einer Wand oder an einem Zaun, an einem Baum oder einer Laterne noch abstützt, können Verletzungen der Hände auftreten. Fingerverletzungen kann es bei dem erfolglosen Versuch geben, das Einrad beim Absteigen durch einen Griff unter den Sattel vor dem Umkippen zu bewahren. Bei einem Sattel mit Metallbügeln können die Finger bei einem unglücklichen Sturz im Spalt zwischen Bügel und Sattel hängenbleiben.
Um Verletzungen der Hände zu vermeiden, kann es in einigen Lernphasen hilfreich sein, (alte) Fingerhandschuhe aus Leder oder anderem robusten Material zu tragen.

Sitzbereich

Zu kleineren Verletzungen der Oberschenkelinnenseiten (Abschürfungen) kommt es meist dann, wenn versucht wird, den Sattel bei einem Sturz oder beim freihändigen Springen zwischen den Schenkeln zu «klemmen». Durch viele Auf- und Abstiege kann es ebenfalls Hautabschürfungen im Sitzbereich geben. Auch die Geschlechtsteile können von Einrad-Verletzungen betroffen werden.
Während Frauen weniger unter solchen Verletzungen leiden, sind bei Männern das Scrotum (Hodensack) und die Hoden dadurch gefährdet, daß man sich beim schwungvollen Aufsteigen daraufsetzen oder am Sattel prellen kann. Keine wirklich schlimme Sache, denn man steht ja sofort wieder auf, aber unangenehm und schmerzhaft, dazu ein wenig eleganter Auf- und Abgang.
Hier leisten enge Radfahrerhosen mit Hosenpolster gute Dienste. Das Scrotum kann in diesen Hosen etwas weiter nach oben fixiert werden, das Hosenpolster ist gesäßfreundlich und hautschonend. Hat die Hose einen Ledereinsatz, so sollte dieser mit einer speziellen Radsport-Sitzcreme eingerieben werden. Das Leder und die Haut werden dadurch geschont, dazu wird ein Wundscheuern weitgehend verhindert. Bei einer (guten) Radfahrerhose mit synthetischem Hosenpolster ist eine optimale Hygiene durch permanenten antibakteriellen

Schutz gewährleistet. Treten dennoch Sitzprobleme auf, kann der Kontakt mit dem Einradsattel einige Zeit vermieden werden. Während dieser Zeit können Fahrtechniken geübt werden, die ohne Sitzen auskommen (siehe Seite 115–118).

Untere Extremitäten

Besonders in der Anfangsphase tritt häufig eine Prellung des inneren Fußknöchels auf. Wird der Fuß zu weit innen (radwärts) aufgesetzt, kommt es bei jeder Radumdrehung zu einer Berührung des inneren Knöchels mit der Tretkurbel. Das ist *die Einradverletzung schlechthin*. Wer das Problem nicht durch Versetzen des Fußes auf dem Pedal nach außen (Stufe 1) lösen kann, sollte knöchelhohe Sportschuhe (Stufe 2) tragen. Gibt es dann immer noch Schwierigkeiten, kann eine gepolsterte Knöchelbandage (Stufe 3) eingesetzt werden. Als weitere Möglichkeit kann eine Tape-Bandage benutzt werden; in die selbstklebenden Tapelagen kann in extrem hartnäckigen Fällen direkt über dem Knöchel eine Verstärkung aus Zellstofflagen, Filz, Gummi o. ä. eingearbeitet werden (Stufe 4). Wenn das allerdings auch nichts nützt, kann man sich die Füße sicherheitshalber eingipsen lassen (Stufe 5) und ist damit endlich schmerzfrei.

Bei einigen Stürzen kann es passieren, daß ein Pedal mit ziemlicher Kraft gegen Schienbein oder Wade schlägt. Pedaltreffer gegen die Waden sind wegen der Muskelpolsterung weniger schmerzhaft. Die Waden sind bei der Vorwärtsumdrehung der Tretkurbeln, also bei Vorwärtsfahrt, gefährdet. Bei den rückwärts gerichteten Tretkurbelbewegungen bilden jedoch bei Stürzen die Schienbeine die Knautschzone für Pedaleinschläge – eine sehr schmerzhafte Angelegenheit. Besonders in der Phase, in der das einbeinige Fahren oder das einbeinige Pendeln gelernt wird, kann es bei falscher Beinhaltung vorkommen, daß das nichttretende Bein vom freien Pedal getroffen wird.

Da bei feuchter Witterung die Rutschgefahr des Reifens auf dem Boden und die der Füße auf den Pedalen ansteigt, ist es wenig ratsam, bei derartigen Bedingungen im Freien zu fahren. Barfuß auf dem Einrad zu fahren ist keine gute Idee, beim Einradfahren sollten in der Anfangsphase immer feste und wenn nötig hohe Sportschuhe mit einer nicht besonders dicken, aber griffigen Sohle getragen werden.

Zum sicheren Einradfahren gehört auch die Wahl des richtigen Übungsgeländes und die Beachtung von Sicherheitsabständen.

Wo darf gefahren werden?

Im deutschsprachigen Raum ist natürlich alles schön geregelt – so auch die Frage, wo Einrad gefahren werden darf und wo nicht. Eine Übersicht über diese Regelungen wird hier weitgehend im Originalton wiedergegeben:

Bundesrepublik Deutschland
Verkehrsrechtlich gelten Einräder in Deutschland als nicht zum öffentlichen Verkehr zugelassene Fahrzeuge, im Sinne der Straßenverkehrszulassungsordnung (StVZO). Die Rechtslage ist damit so, daß offiziell nicht auf Straßen und auch nicht auf Radwegen gefahren werden darf. Das Fahren auf Gehwegen ist genaugenommen ebenfalls verboten, da es sich bei der Verwendung von Einrädern um eine nicht dem Fußgängerverkehr zuzuordnende Tätigkeit handelt.

Österreich
Nach der österreichischen Straßenverkehrsordnung ist ein Einrad weder nach seiner Beschaffenheit noch nach seiner Ausrüstung als Fahrrad zu qualifizieren, eine Verwendung im öffentlichen Verkehr ist daher nicht vorgesehen.

Schweiz
Einräder gelten in der Schweiz nicht als Fahrräder im Sinne der Verordnung über Bau und Ausrüstung der Straßenfahrzeuge. Auch hier dürfen Einräder grundsätzlich nicht am öffentlichen Verkehr teilnehmen. Einräder zählen jedoch zu den Spiel- und Sportgeräten, und diesen ist gemäß Art. 50 Abs. 1 der Verordnung über die Straßenverkehrsregeln die Benutzung der Fahrbahn untersagt, ausgenommen in verkehrsarmen Straßen (z. B. Wohnquartieren). Bei Spiel und Sport auf verkehrsarmen Straßen dürfen andere Straßenbenützer weder behindert noch gefährdet werden.

Die Praxis zeigt jedoch, daß das Einradfahren, zumindest wenn die Fahrerin oder der Fahrer einen einigermaßen sicheren Eindruck hinterläßt, auf geeigneten Radwegen und Gehwegen von der Polizei geduldet wird. Geeignet sind Radwege und Gehwege dann, wenn sie eben und breit, verkehrs- und hindernisarm sind. Grundsätzlich hängt es jedoch davon ab, ob man an einen (Einrad-)Spaß verstehenden Polizisten gelangt oder nicht. Meine Erfahrungen mit Polizisten sind positiv. Die Bandbreite polizeilicher Reaktionen reicht von strengen Blicken über nicht ganz ernstgemeinte Bemerkungen wegen fehlenden Lichts und nicht vorhandener Bremse bis zu anerkennendem Beifall.

Straßen mit normalem Autoverkehr sind aus drei Gründen zu meiden:

1. Auch gute Fahrer können schnell unter dem Auto liegen. Autofahrer sind angesichts eines Einrads häufig verwirrt, reagieren unberechenbar, halten meist keine Sicherheitsabstände ein und können Einradfahrer schlecht oder gar nicht einschätzen.
2. Autofahrer könnten so entzückt vom Können eines Einradfahrers sein, daß sie nicht mehr auf den Verkehr achten und Unfälle verursachen.
3. Es ist im deutschsprachigen Raum schlicht verboten. Die Polizei versteht im Gegensatz zum (strenggenommen ebenfalls verbotenen) Fahren auf Rad- und Gehwegen hier meist keinen Spaß.

Das Übungsgelände

Einradanfänger benötigen möglichst ebenen Boden (asphaltierten Parkplatz, Turnhallenboden o. ä.) und irgend etwas «Griffiges» in Reichhöhe, woran sie sich festhalten können, wie z. B. einen hohen Zaun, eine Wand, einen Türrahmen, eine Sprossenwand oder ein Fensterbrett. Wer das Einradfahren mit einem oder mehreren Helfern lernt oder schon fahren kann, benötigt nur ebenen Boden und viel Platz.

Eine Turnhalle ist ein idealer Übungsplatz, doch werden die wenigsten die Möglichkeit haben, eine Turnhalle zu benutzen. Gute Übungsplätze sind leere Parkplätze, das Ende wenig befahrener Sackgassen, verkehrsberuhigte Spielstraßen, asphaltierte Wege in Parkanlagen oder wenig benutzte, bodenebene Gehwege an einer Hauswand oder an einem hohen Zaun.

Sehr rauhe Böden sollten in der Anfangsphase beim Üben gemieden werden. Sie verkürzen die Lebensdauer des Reifens, und die Verletzungsgefahr bei einem Sturz ist größer. Bei feuchtem Boden sollte anfangs nicht gefahren werden, die Sturz- und Verletzungsgefahr steigt bei solchen Bedingungen ebenfalls. Auf dem Boden liegende Gegenstände, wie Zweige und Herbstlaub oder Unebenheiten und Bodenwellen sind die Todfeinde des Einradanfängers.
Kommt beim Üben am Anfang motorisierter Verkehr in die Quere, heißt die Devise immer: Absteigen und warten, bis man wieder allein auf weiter Flur ist.
Es ist auch möglich, zu Hause zu üben. Nur ist das Ergebnis leider häufig eine ruinierte Wohnung. Tapeten, Wände, Möbel und besonders Teppiche und andere Bodenbeläge werden arg in Mitleidenschaft gezogen. Das Geräusch eines umfallenden Einrads wird nur von wenigen Nachbarn gern gehört.
Von einer allgemein angebrachten Zurückhaltung, zu Hause zu üben, kann man guten Gewissens nur in zwei Fällen abweichen:

- Anfänger können Balanceübungen auf dem Einrad in einem Türrahmen machen.
- Gute Fortgeschrittene können ausgesuchte, platzsparende technische Elemente unter Optimalbedingungen (große Zimmer im Erdgeschoß mit wenigen, wertlosen Möbeln, strapazierfähigste Bodenbeläge, keine oder taube Nachbarn) zu Hause üben.

Dumme Aktionen sind, publikumswirksam am Rande steiler Abhänge, auf hohen Mauern oder auf einem Brückengeländer zu fahren. Hier bedeutet ein Fahrfehler das Ende einer Einradkarriere.
Obwohl sehr strenggenommen zwar verboten, können sich Einradfahrer auch in den normalen Verkehr auf Gehwegen und auf Radwegen (nicht auf Autostraßen) einreihen, um beispielsweise zur Schule oder zur Arbeit zu fahren oder Besorgungen zu machen. Die Voraussetzung dafür ist allerdings das sichere Beherrschen des Vorwärtsfahrens inklusive Richtungs- und Tempowechsel, dazu ein sicherer freier Aufstieg und der Abstieg mit Festhalten des Rads. Bevor man sich in die Nähe anderer Verkehrsteilnehmer begibt, sollte man seine Verkehrstauglichkeit mit dem Test auf Seite 69 prüfen.

Sicherheitsabstände

Bei unglücklichen Stürzen kann das Rad mehrere Meter weit wegfliegen. Mein Rekord liegt bei über sechs Metern. Gegenstände, die vom Rad getroffen werden, können beschädigt oder völlig demoliert werden. Umgekehrt kann dabei auch das Rad etwas abbekommen. Um solche Zwischenfälle zu vermeiden, ist es günstig, Mindestabstände zu anderen Gegenständen oder Personen einzuhalten.
Im Anfängerstadium soll der Abstand beim freien Fahren mindestens 3 Meter zu anderen Objekten betragen. Beim Rückwärtsfahren und beim Fahren auf Hoch-Einrädern soll dieser Abstand anfangs verdoppelt werden. Im eigenen Interesse ist es ratsam, nicht zu nah an parkende Autos heranzufahren, eine Sekunde Unachtsamkeit kann hier sehr teuer werden.

> Je unsicherer oder risikoreicher gefahren wird und je höher die Sitzposition auf dem Rad ist, desto größer sollte der Sicherheitsabstand sein.

Einem psychischen Härtetest brauchen sich Anfänger auf dem Einrad nicht zu unterziehen. Wem Sprüche auf die Nerven gehen, kann damit gut beraten sein, auch zu ausgemachten Nervensägen Sicherheitsabstände einzuhalten. Ein ehrlich gemeintes «Nein, nein, so geht das nicht, ich habe da früher einen Bekannten gehabt, der hat das ganz anders gemacht...» ist sicher noch leicht zu verkraften, ein hämisches «Na, wohl noch Anfänger...» zur Not auch noch, spätestens beim aufdringlichen «Laß mich mal fahren, das kann ich doch auch...», kann es für alle Beteiligten besser sein, man sucht sich ein ruhigeres, unbeobachtetes Plätzchen zum Üben oder legt eine Kunstpause ein und wartet, bis sich die Nervensäge von selbst entfernt.

Bevor es losgeht

Vor dem Start noch ein kurzer Blick auf andere Gebiete des Sports, die für Einradfahrer interessant sein können. Es sind die Themen Aufwärmen und Gymnastik, Vorübungen ohne Einrad, sowie das Bewegungslernen, jeweils speziell auf das Einradfahren bezogen.

Vor dem Start: Aufwärmen

Die Erkenntnisse der Sportphysiologie und jegliche sportliche Erfahrung sprechen dafür: Aufwärmen ist ein wichtiger Bestandteil sportlicher Betätigung, es hat für alle nachfolgenden Handlungen einen Verstärkereffekt (Knebel 1985, S. 65). Unter Aufwärmarbeit werden Maßnahmen verstanden, die den Sportler im physischen und psychischen Bereich auf die bevorstehende Belastung vorbereiten (Freiwald 1991).
Während das passive Aufwärmen durch Sauna, Sonneneinstrahlung und warme Bäder ziemlich sinnlose «heilige Handlungen» beinhaltet und in der Praxis nur eine untergeordnete Rolle spielt, hat das aktive Aufwärmen eine Reihe von positiven Wirkungen, u. a.:

- Erhöhung der Leistungsfähigkeit des Nervensystems.
- Verringerung der Verletzungsgefahr im Bereich der Muskeln, Sehnen und Bänder, auch auf längere Sicht.

- Verringerung der Gelenkbelastung.
- Ausgleich des Übungsdefizits durch «Einarbeiten».
- Psychische Einstimmung.
  (de Marées/Mester 1982, S. 69)

Umfang und Intensität der Aufwärmübungen hängen von verschiedenen Faktoren ab:
Übungsziel: Schwierige, neue oder extreme Übungsinhalte erfordern eine intensivere Vorbereitung.
Alter: Mit dem Alter nimmt auch die Aufwärmzeit zu.
Tageszeit: Morgens längere Aufwärmzeit, abends etwas weniger.
Die Inhalte des Aufwärmens lassen sich verkürzt mit den Begriffen «Erwärmen, Dehnen, Kräftigen» beschreiben.

Erwärmen
Das Einfahren auf dem Einrad eignet sich sehr gut zur Erwärmung. Die Muskelbeanspruchung dauert dabei länger, beinhaltet aber keinen hohen Krafteinsatz. Riskante und anstrengende Übungen haben in dieser Phase keinen Platz. Wer noch nicht sicher auf dem Einrad fahren kann, kann sich auch auf dem Zweirad einfahren. Eine Einfahrzeit von ca. 5–10 Minuten ist dabei empfehlenswert.

Dehnen
Dehnungsübungen durch aktives oder passives gehaltenes Dehnen der beteiligten Muskelgruppen folgt nach dem Erwärmen. Im Vordergrund stehen die Muskelgruppen der Beinvorder- und Rückseite und die Gesäßmuskulatur. Sparsame Dehnungsreize genügen, wenn das nachfolgende Übungsprogramm keine dynamischen Bewegungen bis in endgradige Gelenkstellungen aufweist, was beim Einradfahren – besonders am Anfang – sehr selten vorkommt.
Einige Beispiele für geeignete Dehnungsübungen wurden unter dem Aspekt der praktischen Durchführbarkeit im Freien zusammengestellt. Wird in einer Halle geübt, in der man sich auf den Boden legen kann, kann die Palette möglicher Übungen wesentlich erweitert und verbessert werden. Die Pfeile zeigen die Bereiche der Muskulatur, die überwiegend gedehnt werden. Gering dosierte Stretchingübungen vor und nach dem Training reichen beim Einradfahren meist aus. Die Dehndauer je Übung beträgt 10–30 Sekunden, jede Übung ca. 5mal wiederholen.

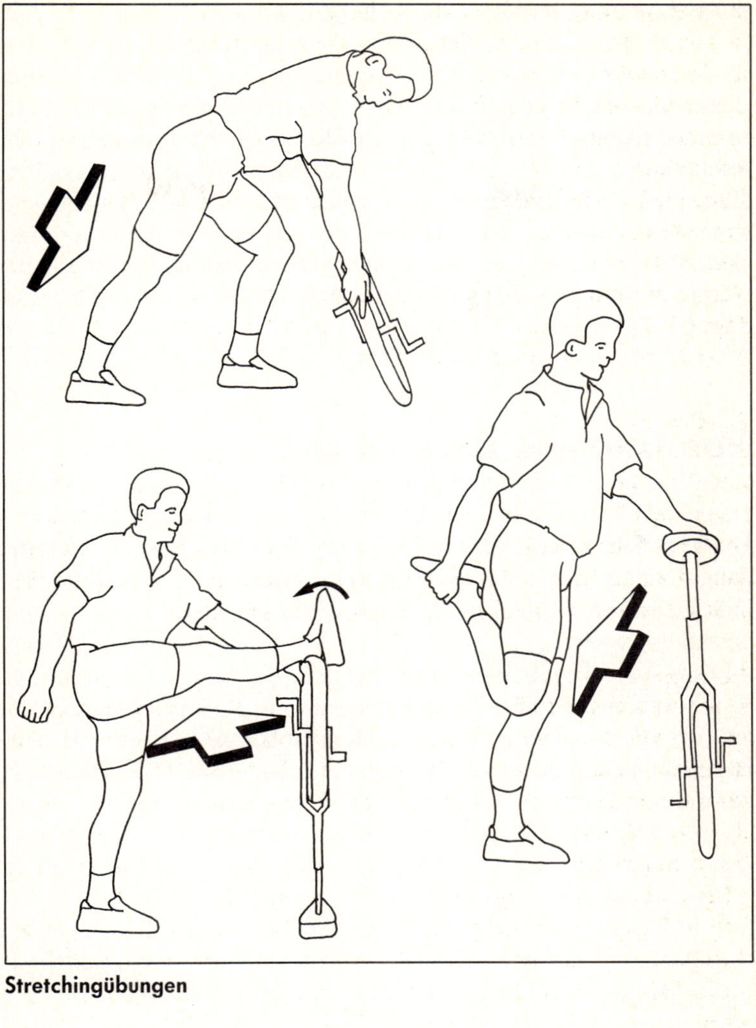

Stretchingübungen

Kräftigen

Nach der Dehnung können noch gymnastische Kräftigungsübungen der gedehnten Muskulatur durchgeführt werden. Dies geschieht wieder am besten auf dem Rad, beispielsweise durch einen kleinen Sprintantritt oder eine Bergauf- und/oder Bergabfahrt.

Nach dem Üben aktives Entmüden (Abwärmen)
So, wie eine sportliche Belastung durch Aufwärmen vorzubereiten ist, ist sie sinnvollerweise durch Entmüden nachzubereiten. Der Sinn dieser Maßnahme liegt darin, sich psychisch und physisch wieder auf normale Gangart einzustimmen. Inhalte dieser Maßnahme sind ein unbelastendes, in der Intensität nachlassendes «Ausfahren» auf dem Rad. Danach folgt eine Dehnungsgymnastik, die insbesondere die stark beanspruchte und verkürzte Beinmuskulatur berücksichtigt. Die Übungen entsprechen denen, die in der Dehnungsphase des Aufwärmens benutzt wurden (ausführlich dazu Knebel 1985, Freiwald 1991).

Vorübungen ohne Einrad

Um es gleich vorwegzunehmen, Gleichgewichtsübungen und Kräftigungsübungen der Beine ohne Einrad können das Einradfahren niemals ersetzen, sie sind nur von sehr begrenztem Wert, aber sie sind besser als gar nichts.
Als eine sinnvolle Übung wird zur Schulung des Koordinationsvermögens von Kunstradfahrern die Arbeit mit der Balancerolle empfohlen, die von Jongleuren auch als «Rola-Bola» bezeichnet wird. Die Balancerolle besteht aus einem Brett auf einem Rohr. Die Abmessungen des Holzbretts werden mit 50 × 25 × 2 cm angegeben.

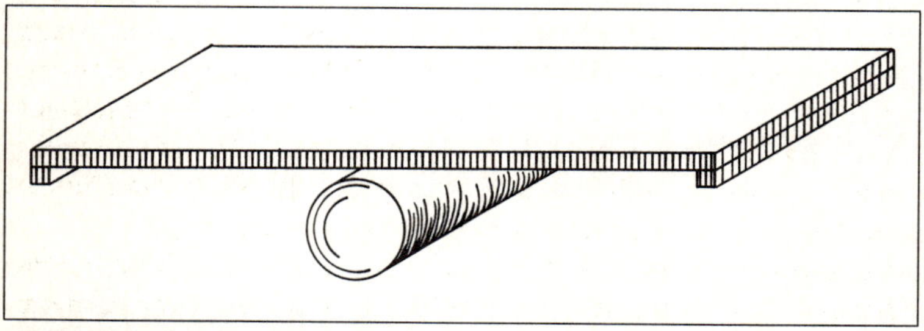

Mit der Balancerolle (Rola-Bola) kann das Gleichgewicht geschult werden.

Das Brett hat an der Unterseite der schmalen Enden je eine Holzleiste als Anstoß. Der Durchmesser des 25 cm langen Eisen- oder Kunststoffrohrs wird mit 8–10 cm angegeben (Böhm/Born 1976, S. 30).
Ziel der Übungen mit der Balancerolle ist es, möglichst lange das Gleichgewicht darauf zu halten. Erste Erfolge stellen sich dabei relativ schnell ein. Nach einiger Übungszeit können verschiedene Bewegungen darauf ausgeführt werden. Dabei wird es bei (halben) Kniebeugen auf der Balancerolle schon schwerer; das zuerst schwierige Jonglieren auf dem Einrad kann auf diesem Gerät schon vorbereitet werden. Die Übungen werden abwechselnd mit dem Gerät in Längsrichtung (Vorwärts-Rückwärts-Balance) und in Querrichtung (Seitwärts-Balance) gemacht.

Auch mit dem Zweirad können einige Balanceübungen, natürlich abseits des normalen Straßenverkehrs, durchgeführt werden. Zu diesen Übungen gehören:

- *Einhändig fahren*
- *Freihändig fahren:* Dabei möglichst schnell aufrichten, um den Körperschwerpunkt über den Sattel zu bringen. Erst etwas Schwung nehmen, dann ohne Tretbewegung rollen, bei waagerechter Tretkurbelstellung. Wer das kann, beginnt langsam mit dem Treten. Die letzte Stufe dieser Übung sind Schlangenlinien durch seitliche Verlagerung des Körperschwerpunkts (Altig/Link 1985, S. 51ff).
- *Wheelie:* Eine ziemlich anspruchsvolle Übung ist das Fahren auf dem Hinterrad, der Wheelie. Dazu wird beispielsweise auf dem Mountain-Bike mit einem eher leichten Gang so kräftig angetreten, daß das Vorderrad in die Luft geht. Bei der Einradfahrt auf dem Zweirad muß das Gleichgewicht im Zusammenspiel zwischen Treten und Bremsen (Hinterradbremse) ständig reguliert werden. Neigt sich das Vorderrad wieder Richtung Boden, muß kräftiger getreten werden, bäumt sich das Vorderrad zu sehr auf und droht nach hinten überzukippen, wird etwas gebremst. Ein mit der Spitze stark nach unten zeigender Sattel erleichtert die Übung.
- *Skate-Bike:* Ein Skate-Bike ist etwas grundsätzlich anderes als ein Einrad. Es hat drei Räder, ein größeres hinten und zwei kleinere nebeneinander vorn, hat aber wie ein Einrad keinen Lenker. Die beiden vorderen Räder haben die Größe von Rollen an einem

Skate-Bike

Skate-Board. Ein Skate-Bike zu fahren ist wesentlich einfacher, als auf einem Einrad zu fahren, man setzt sich drauf und fährt los. Leute, die sich problemlos ein derartiges Gefährt borgen können oder selber eins haben, können sich durch Fahren auf dem Skate-Bike schon mal an die lenkerlose und aufrechte Sitzposition, die mit der Sitzposition auf dem Einrad große Ähnlichkeit hat, gewöhnen.

Neue Bewegungen erlernen

Bewegungen, die der Fortbewegung dienen, müssen gelernt werden. An das eigene Laufen lernen wird sich wohl niemand mehr erinnern, eher schon daran, wie man (Zwei-)Radfahren oder Rollschuhlaufen gelernt hat. Ähnliches passiert nun beim Einradfahren auch.
Bis zur Perfektion durchläuft man beim Lernen und Üben verschiedene Könnensstufen oder Lernphasen:

- das Anfängerstadium
- das Fortgeschrittenenstadium
- das Könnenstadium

Anfängerstadium
Die ersten Lernschritte sind häufig frustrierend, denn auch bei voller Konzentration erntet man zunächst überwiegend Mißerfolge. Nach einiger Übungszeit stellen sich zuerst sehr zögerlich kleinste und kleine Erfolge ein, irgendwann spürt man zum erstenmal das richtige Gefühl für den Bewegungsablauf. Nach weiterer Übung wird die Bewegung in der Grobform gekonnt. Die Bewegung ist aber noch sehr fehleranfällig.

Fortgeschrittenenstadium
Der Bewegungsablauf klappt nun immer besser, und es wird auch immer besser möglich, korrigierend in die Bewegung einzugreifen. Die Fehlerquote nimmt im Lauf der Übungszeit stark ab, unter schlechten Bedingungen oder bei mangelnder Konzentration mißlingt die Übung jedoch hin und wieder.

Könnenstadium
Erst nach sehr, sehr viel Übung ist die Bewegung dann kein Problem mehr, sie wird ohne Nachdenken, automatisch, und unter den unterschiedlichsten Bedingungen, auch bei Störungen, beherrscht. Während eine solche automatisierte Bewegung ausgeführt wird, kann die Aufmerksamkeit auf andere Dinge gelenkt werden.

Egal, ob eine schwierige oder eine leichte Technik auf dem Einrad, die Technik wird nicht von heute auf morgen einfach gekonnt, an das Könnenstadium kann man sich nur langsam herantasten. Dazu ist zunächst eine Vorstellung von der Bewegung notwendig. In dieser Bewegungsvorstellung sind die gegenwärtigen Informationen zur Bewegung zusammengefaßt, sie ist im Gehirn gespeichert und von dort abrufbar. Die allererste Bewegungsvorstellung von einer bestimmten Technik auf dem Einrad kann man sich dadurch verschaffen, indem man sich die Beschreibungen der Techniken in diesem Buch durchliest und sich die Bilder ansieht. Die Bewegungsvorstellung basiert beim Anfänger meist auf nur wenigen Erfahrungswerten und ist damit ungenau und undeutlich. Beim Könner dagegen ist sie aufgrund vieler Erfahrungswerte und genauer Eindrücke, die zur Bewegung aufgenommen werden, sehr präzise. Beim Bewegungslernen soll die Bewegungsvorstellung durch Wahrnehmungen und Eindrücke, die man während der Bewegung macht, bis zur Perfektion verbessert werden. Für die Verbesserung der Bewegungsvorstellung und damit entscheidend für das Bewegungslernen ist die Fähigkeit, Umwelt-Informationen über die Sinnesorgane aufnehmen und verarbeiten zu können.

Dieser Sachverhalt soll an einem Beispiel verdeutlicht werden. Sehr gute Einradfahrer oder Artisten fahren häufig mit Schuhen, die nur eine äußerst dünne Sohle haben. Für sehr gute Fahrer ist das deshalb sinnvoll, weil der unmittelbare Kontakt zwischen Fuß und Pedal über die dünnen Sohlen es erlaubt, mehr und genauere Informationen über Druckveränderungen an der Fußsohle aufnehmen zu können. Durch diese vielen und sehr differenzierteren Informationen kann schneller und angemessener auf Abweichungen reagiert werden. Anfänger dagegen können eine derartige Informationsflut zur Bewegung auf dem Rad noch gar nicht verarbeiten, viele Detailinformationen zur Bewegung bleiben unberücksichtigt, weil das Verarbeitungszentrum im Gehirn damit erst einmal überlastet ist. Aus diesem Grund und unter dem Sicherheitsaspekt (beim Sturz kann man mit den Füßen auf oder in das Rad gelangen) sollen Anfänger feste Schuhe mit einer zwar nicht dicken, aber etwas stärkeren Sohle tragen. Obwohl eine etwas stärkere Sohle einige Information, die Fortgeschrittene zur Steuerung der Bewegung gut nutzen können, geradezu verschluckt, kann sich dies in der Anfangsphase nicht negativ auswirken, weil ein Anfänger gar nicht imstande ist, diese Informationen zu nutzen.

Das Gleichgewicht auf dem Einrad (Sollwert) wird durch gezielte Ausgleichsbewegungen der Muskulatur gewährleistet. Durch die labile Gleichgewichtssituation und durch verschiedene Störfaktoren (Bodenunebenheiten, Eigenbewegungen des Körpers) wird dieses Gleichgewicht jedoch laufend gestört. Der Einradfahrer nimmt ständig Informationen über die augenblickliche Position seines Körpers und des Rades (Istwert) über verschiedene Sinnesorgane auf. Diese Informationen werden

- als Reifengeräusche gehört,
- als Schwankungen gesehen,
- als Druck zwischen Pedal und Fuß und zwischen Gesäß und Sattel gespürt,
- als Längen- und Spannungsänderungen in der Muskulatur registriert und
- als Gleichgewichtsveränderung festgestellt.

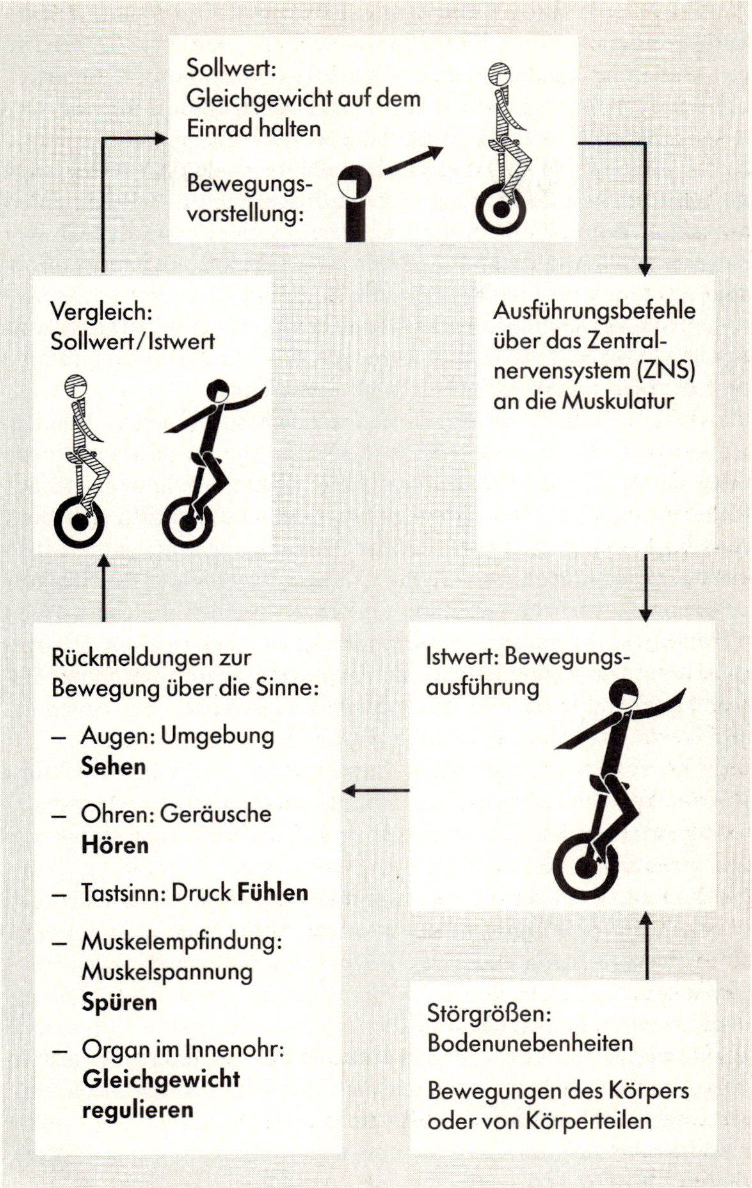

Gleichgewichtsregulation auf dem Einrad

Die Rückmeldungen zur Bewegung (Istwert) werden dem ZNS übermittelt und dort mit der Bewegungsvorstellung, dem Plan des Gleichgewichthaltens auf dem Einrad (Sollwert) verglichen. Bei festgestellten Abweichungen zwischen Soll- und Istwert werden Befehle vom ZNS zur Korrektur an die Muskulatur weitergegeben.
Im Lernprozeß soll der Istwert dem Sollwert angenähert werden und ihn am Ende erreichen. Eine wichtige Rolle spielt dabei die Fehlerkorrektur. Zur Fehlerkorrektur werden in vielen Sportarten Trainer eingesetzt. Die wenigsten Einradfahrer werden Trainer haben, das ist aber auch nicht so wichtig, denn die Trainerfunktion der Fehlerkorrektur besorgt das Einrad weitgehend selbst. Grob fehlerhafte Ausführungen bestraft das Einrad sofort – es fällt um. Als Sportgerät und Trainer zugleich ist das Einrad eine Lernmaschine.
Man kann sich das Bewegungslernen vielleicht so vorstellen: Wie Rillen auf einer Platte hinterläßt jede Übung Spuren im motorischen Gedächtnis. Bei wenig Übung sind diese Rillen nur sehr oberflächlich eingekratzt. Will man die Übung abspielen, muß man sich sehr stark konzentrieren, aber auch bei großer Anstrengung können die Rillen nicht genau gefunden werden, die Übung ist vielleicht in der Struktur zu erkennen, aber holperig und fehlerhaft. Intensives, langes Üben hinterläßt tiefe, sofort wieder auffindbare, im Laufe der Zeit detailgenau herausgearbeitete Rillen – die Gedächtnisspuren gekonnter Bewegungen. Das Abspielen einer derart gespeicherten Bewegung gelingt störungsfrei und ohne große Anstrengungen.
Jede Übungsstunde hinterläßt Spuren im Bewegungsgedächtnis. Auch wenn nach einer gewissen Übungszeit kein sofort zu spürender Erfolg zu verzeichnen ist, ist es gut zu wissen: die Übung war garantiert nicht umsonst!
Die Techniken auf dem Einrad sollten sowohl mit der linken als auch mit der rechten Körperseite geübt werden. Wird mit einer Seite geübt, so lernt nicht nur eben diese Körperseite die Technik, sondern es kommt grundsätzlich auch zu einem Mitlernen der anderen Körperseite, somit sind die Startvoraussetzungen für die andere Körperseite schon geschaffen. Eine anzustrebende beidseitige Bewegungsausführung, also das Mitüben auf der schwächeren Seite (Symmetrisierung), verbessert nicht nur die Leistung auf der schwächeren Körperseite, sondern führt zusätzlich zu einer Leistungsverbesserung auf der dominanten Körperseite.

Wenn gar nichts mehr geht

Es gibt Phasen im Lernprozeß, da könnte man verzweifeln, nichts geht mehr. Kein Fortschritt, Übungen, die schon scheinbar sicher beherrscht wurden, mißlingen. Anstatt besser, droht es durch weiteres Üben nur noch schlimmer zu werden.

Derartige Phasen tauchen in fast jedem längerfristig angelegten Lernprozeß auf. Sie sind lästig, aber normal. Besonders bei Ermüdung bricht die auf höchster Konzentration basierende Koordinationsleistung leicht zusammen. Das beste Gegenmittel ist eine kurze Unterbrechung des Trainings. Diese Trainingsunterbrechung wird zur Beruhigung und zur Ablenkung, kurz vor Wiederaufnahme der Übungen dann zur erneuten Konzentration genutzt. Einige Minuten reichen dafür im Normalfall aus.

Hilft eine Trainingsunterbrechung auch nicht weiter, ist es ratsam, eine Trainingspause einzulegen. Die Pause wird zur Situationsanalyse genutzt. Eine Leistungsstagnation ist oft die Folge von Überforderung. Wer vom Einradfahren übersättigt ist, kann auch damit gut beraten sein, für einige Zeit darauf zu verzichten, um danach mit neuem Elan weiterzumachen.

Eine weitere Fehlerquelle ist zu große Ungeduld. Springen mit dem Einrad ist eine tolle Sache, aber es lernt sich leichter, wenn bestimmte Voraussetzungen dafür schon geschaffen sind, einige grundlegende Techniken schon gut gekonnt werden. Um keine Mißerfolge zu provozieren, tut man gut daran, so lange zu warten, bis die Zeit für eine Übung reif ist. Ein großes Übergehen einzelner Lernschritte bringt meistens schlechte Ergebnisse.

Durch Ungeduld kann man sich aber auch selbst unter Druck setzen. Wenn man sich vornimmt, unbedingt eine Technik an einem Tag zu lernen, nicht eher aufzuhören, bis es endlich klappt, kann man sich unter unnötigen Erfolgszwang setzen. Sich Trainingsziele zu stecken ist eine vernünftige Sache, falsch ist es, seine gesteckten Ziele mit Gewalt erreichen zu wollen. Wer trotz großer Bemühungen spürt, daß es heute nicht mehr klappt, beendet den Übungsstress, am nächsten Tag geht's meistens besser.

Wie lange dauert der Lernprozeß?

«Das Fahren auf dem Einrad ist einfach und schnell zu erlernen» (Böhm/Born 1976, S. 263). Dieser Satz stammt aus einem Lehrbuch über das Kunstradfahren. Aber ganz so einfach ist es für diejenigen, die keine Kunstradfahrer sind, nun auch wieder nicht.
Ein Beginn mit Frustrationen steht jedem Anfänger bevor, die hoffnungslos erscheinenden Versuche der ersten halben Stunde auf dem Einrad sind aber schon bald vergessen. Wie schnell gelernt wird, hängt von verschiedenen Faktoren ab. Zuallererst natürlich von der Länge der Trainingszeit, wenn viel geübt wird, wird meist auch viel gelernt. Wie steht es aber mit dem Lerntempo pro Zeiteinheit? Wieviel beispielsweise in fünf Übungsstunden gelernt wird, kann von Person zu Person sehr unterschiedlich sein. Derartige Unterschiede sind abhängig von der Motivation, den Lern- und Übungsbedingungen, den Lehrmethoden, den Bewegungserfahrungen und vom Alter.

Motivation

Motivation ist – grob gesagt – der Antrieb zu einer Handlung. Dieser Antrieb kann sehr stark sein und immer wieder auftreten oder auch nur schwach und zeitlich begrenzt sein. Spaß am Einradfahren dürfte die beste Motivation sein. Spaß stellt sich aber auf Dauer nur ein, wenn Lernerfolge zu verbuchen sind. Das Lerntempo der Erfolgreichen kann sich durch diesen «Verstärkereffekt» so weiter steigern.

Lern- und Übungsbedingungen

Günstige Lern- und Übungsbedingungen sind große, störungsfreie Räume mit ebenen Böden und verschiedenen Hilfsmitteln zum Festhalten. Welcher der in diesem Buch dargestellten Lernwege zu einem optimalen Lernerfolg führt, ist individuell verschieden. Eine anregende Lernatmosphäre unter Gleichgesinnten kann sich positiv auf den Lernerfolg auswirken.

Lehrmethode

Beim Lernen kann man unterschiedlich vorgehen, verschiedene Strategien anwenden. Geht man nach der hier beschriebenen Übungsfolge (ab Seite 50) vor und setzt sich mit den Übungsaufgaben auseinander, so kann ein gezieltes Suchen nach der richtigen Technik auf dem Einrad bald von Erfolg gekrönt werden. Wenn versucht wird, ohne Anleitung, nach der Methode «Versuch und Irrtum» zu lernen, wird sich der Erfolg eher zögerlich und durch Zufall einstellen. Die größten Erfolge bringt allerdings die Anwendung der unbestritten besten Lehrmethode: «Die beste Lehrmethode ist: Begeisterung für eine Sache zu wecken» (Benesch 1987, S. 155).

Bewegungserfahrungen
Menschen, die schon viele verschiedene Bewegungen gelernt und damit im motorischen Gedächtnis gespeichert haben, lernen neue Bewegungen schneller. Dies gilt insbesondere für bereits gekonnte Bewegungen aus artverwandten Sportarten mit Schwerpunkten beim Koordinationsvermögen und speziell beim Gleichgewichthalten.

Alter
Für das Lerntempo spielt die Entwicklung der Koordinationsfähigkeit und hierbei besonders die Entwicklung der Gleichgewichtsfähigkeit eine große Rolle. Diese Fähigkeit entwickelt sich vom Kleinkindalter bis zur Pubertät ständig weiter. Mit Beginn der Pubertät stagniert die Gleichgewichtsfähigkeit oder entwickelt sich nur noch geringfügig weiter. Mit zunehmendem Alter nimmt die Lernzeit wieder zu, da sich die Prozesse der Informationsaufnahme und -verarbeitung verschlechtern. Um sensationell gut auf dem Einrad zu sein, müßte also schon mit sehr jungen Jahren begonnen werden.
Entscheidend für ein schnelles Lerntempo ist eine gute Kombination aller genannten Faktoren. Wenn ein Faktor jedoch nicht optimal sein kann, kann dies durch andere Faktoren ausgeglichen werden. Besonders eine starke Motivation kann sehr viel bewirken. So ist beispielsweise ein fortgeschrittenes Alter nicht optimal, um neue Koordinationsstrukturen sehr schnell aufzubauen, viel Übungseifer und Spaß am Einradfahren können dies aber ausgleichen. Bei einer optimalen Kombination der oben beschriebenen Faktoren kann das Einradfahren (25 m geradeaus fahren ohne abzusteigen) an einem Tag erlernt werden. Wenn jeden Tag ca. 45 Minuten geübt wird, liegt ein guter Durchschnittswert, bis man 25 Meter einigermaßen sicher fahren kann, bei zirka einer Woche. Das Geradeausfahren benötigt als leichte Übung eine vergleichsweise geringe Lernzeit. Je schwieriger und anspruchsvoller die Übungen werden, desto länger wird die Lernzeit.

Grundtechniken des Einradfahrens

«Auch ein Weg von
1000 Meilen beginnt mit dem ersten Schritt.»
(Weisheit des Ostens)

Anfangen

Bei den grundlegenden Techniken kommt es auf ein abgestimmtes Zusammenspiel beider Beine an. Je nach Pedalstellung kann entweder das rechte oder das linke Bein die wichtigere Rolle übernehmen. Eine Aufstiegstechnik kann beispielsweise über die Gewichtsverlagerung auf das rechte Bein ausgeführt werden. Genauso ist aber die gleiche Aufstiegstechnik durch Gewichtsverlagerung auf das linke Bein möglich, die gleiche Technik wird eben nur mit der anderen Seite ausgeführt.
Die technische Ausführung der Übungen wird jeweils für nur *eine Seite* (meistens rechts) beschrieben. Übe zuerst mit deinem geschickteren, stärkeren Bein. So hast du eher Erfolgserlebnisse, und die dann auf einer Seite gekonnte Bewegung gibt dir Sicherheit und die Bewegungsvorstellung beim Lernen der gleichen Technik auf deiner etwas schwächeren Seite. Das Ziel ist es, die grundlegenden Techniken beidseitig zu können. Ein Sturz oder auch nur ein ungewolltes Absteigen ist keine Niederlage, sondern ist ein Beweis dafür, daß der Lernprozeß auf Hochtouren läuft.

Fahren lernen: die Eintrittskarte zum Spaß auf dem Einrad

Der erste Schritt, der zum Einradfahren führt, ist das Aufsteigen und das Fahren mit Hilfen. Zum Anfang müssen Hilfen benutzt werden, um den Aufstieg überhaupt zu schaffen und um bei den ersten Fahrversuchen die Balance zu halten. Welche Hilfen benutzt werden können, hängt von den individuell unterschiedlichen Möglichkeiten ab. So wird nicht jede(r) das Aufsteigen und das Fahren mit zwei Helfern lernen können. Nur sehr wenige werden zum Beginn des Lernens die Hilfsmittel einer Turnhalle benutzen können. Da es also unterschiedliche Lernmöglichkeiten gibt, werden verschiedene Methoden dargestellt, die zeigen, wie man das Einradfahren lernen kann. Jede der beschriebenen Methoden führt zum Ziel, ganz gleich, ob du nur nach einer Methode vorgehst, oder ob du verschiedene Methoden kombinierst und beispielsweise abwechselnd allein, mal mit einem und mal mit zwei Helfern übst. Eins ist allerdings bei allen Lernmethoden völlig gleich, in den ersten Lernphasen ist die Machtverteilung zwischen dir und dem Einrad eindeutig – du wirst vom Einrad beherrscht. Du wirst einige Zeit brauchen, dieses Verhältnis zu deinen Gunsten zu ändern.

Balanceübungen

Balanceübungen können der allererste Schritt auf dem Weg zum Einradfahren sein. Durch Balanceübungen kannst du *erste Erfahrungen* auf dem Einrad sammeln. Dazu benötigst du eine Übungsstelle mit einer sehr stabil stehenden Stütze, an der du dich mit beiden Händen festhalten kannst, z. B. einen Türrahmen oder eine Stange. Während du dich an der Stütze festhältst, steige auf das Rad und versuche, auf dem Rad zu bleiben. Wenn du dich nach einiger Übung auf dem Rad einigermaßen sicher fühlst, fährst du einige Zentimeter hin und her. So erfährst du, wie das Einrad auf deine Aktionen reagiert.

Fahren lernen mit Hilfe

Beim Einradfahren kann man in alle Richtungen umkippen. Grob gesagt, nach vorn, hinten, rechts und links. Vergleicht man unter diesem Aspekt ein Einrad mit einem Zweirad, so wird deutlich, daß man auf einem Zweirad genauso zur Seite umkippen kann, nicht jedoch nach vorne oder hinten. Das besondere Problem des Einradfahrens muß also die Vorwärts-Rückwärts-Balance sein. Das dennoch vorhandene Problem der Seitwärts-Balance wird in den ersten Lernphasen durch seitliches Abstützen ausgeklammert. Dadurch kannst du dich in der Anfangsphase voll auf die ungewohnte Vorwärts-Rückwärts-Balance konzentrieren.

Aufsteigen mit zwei Helfern und blockiertem Rad

Der leichteste Beginn ist der Aufstieg mit blockiertem Rad. Dazu wird das Rad mit Reifenkontakt vor eine Bordsteinkante oder ein ähnliches radbremsendes Hindernis gestellt. Du stehst hinter dem Rad und bringst die Tretkurbeln in eine waagerechte Stellung, die rechte Tretkurbel zeigt zu dir. Der Sattel wird zwischen die Beine genommen, der linke Fuß steht auf dem Boden, der rechte Fuß auf dem rechten Pedal. Die Helfer stehen rechts und links von dir, und du stützt dich auf ihren Schultern ab, oder die Helfer halten dich an den Armen fest. Mit dem linken Fuß drückst du dich nun vom Boden ab und setzt den Fuß auf das linke Pedal auf (Fotos Seite 53 oben). Das Rad ist nun durch zwei helfende Personen und die Bordsteinkante gegen das Umkippen in 3 von 4 verschiedenen Richtungen gesichert. So gesichert und mit waagerechter Tretkurbelstellung kann die erste Fahrt beginnen.

Aufsteigen mit zwei Helfern und blockiertem Rad

Aufsteigen mit zwei Helfern und freiem Rad

Die richtige Position zum Aufsteigen ist dann erreicht, wenn du den Sattel zwischen den Beinen hast, mit dem linken Fuß auf dem Boden stehst und den rechten Fuß auf dem rechten Pedal hast. Die Gabel des Rads ist zu dir geneigt. Die rechte Tretkurbel mit Pedal zeigt in deine Richtung, schräg zum Boden. Die Helfer stehen neben dir, und du hältst dich an ihnen fest. Du drückst dich nun mit dem linken Bein

Aufsteigen mit zwei Helfern und freiem Rad

vom Boden ab. Dadurch kommt Druck auf das rechte Pedal, das in die unterste Position gedrückt wird. Gleichzeitig richtet sich das Einrad auf, du wirst nach oben geliftet. In dieser labilen Phase müssen die Helfer anfangs kräftig unterstützen. Ist der Aufstieg geschafft, werden die Tretkurbeln in eine horizontale Position gebracht, und die Fahrt kann beginnen.

Fahren mit zwei Helfern

Die ersten Fahrversuche sollten so aussehen: Aus waagerechter Tretkurbelstellung wird eine halbe Radumdrehung vorwärts gefahren, bis die nächste waagerechte Position erreicht ist. Eine kleine Pause folgt. Wieder fahren, Pause, fahren usw. Die Helfer gehen im Tempo der Fahrt mit.

Aus einer Position mit waagerechter Tretkurbelstellung läßt es sich am Anfang am leichtesten treten. Damit du nicht in einer Position mit Tretkurbelstellung und Belastung im unteren Umkehrpunkt hängenbleibst und absteigen mußt, nimmst du die waagerechte Tretkurbelstellung anfangs immer wieder bewußt ein. Wenn du fährst, versuche den größten Teil deines Körpergewichts über das Gesäß auf den Sattel zu bringen.

Bei der Art der Unterstützung durch die Helfer, also bei der Armhaltung, gibt es eine Reihe von Möglichkeiten. Viele Anfänger empfinden es als hilfreich, wenn sie sich auf den Schultern der Helfer abstützen und somit den Druck selbst regulieren können. Durch Ausprobieren anderer Möglichkeiten und Faßarten, wird sicherlich jede(r) die indivi-

Fahren mit zwei Helfern

duell beste Unterstützung herausfinden. Geht die oben beschriebene Vorwärtsfahrt mit halber Radumdrehung gut, kannst du nach einiger Übungszeit als nächstes eine ganze Radumdrehung fahren. Also: waagerechte Tretkurbelstellung, ganze Umdrehung, Pause in waagerechter Tretkurbelstellung, ganze Umdrehung, Pause usw. Wenn du dich bei dieser Übung einigermaßen sicher fühlst, trete und fahre kontinuierlich und lege nur noch selten Pausen ein.

Fahren mit einem Helfer

Wenn du schon etwas sicherer fahren kannst, kannst du auf einen der zwei Helfer verzichten. Der eine Helfer stützt nun abwechselnd auf der rechten und auf der linken Seite. Der Wechsel ist deshalb wichtig, damit das spätere freie Fahren keine Schlagseite bekommt. Die Unterstützung kann auch von einem nebenherfahrenden, sicheren Einradfahrer geleistet werden.

Fahren mit einer Helferin

Fahren mit abnehmender Hilfe

Mit zunehmender Sicherheit wirst du dich immer weniger abstützen, bis du dich sicher genug fühlst, zuerst nur für kurze Momente ganz ohne Unterstützung zu fahren. In dieser Lernphase ist es eine Hilfe, zum Balancehalten die Arme beim Fahren zur Seite auszustrecken. Beim Fahren mit nur leichter Hilfe wirst du irgendwann einige Meter frei fahren und das erste Mal das richtige Gefühl des Einradfahrens spüren, das ist der *entscheidende Durchbruch*! Die ersten frei gefahrenen Meter geben dir die Gewißheit, daß du dabei bist, das Rad zu beherrschen, nachdem es anfangs dich beherrscht hat.

Absteigen

Wahrscheinlich sind deine Fahrten in diesem Stadium erstens sehr kurz und zweitens von einem mehr oder minder überraschenden Zusammenbruch des Gleichgewichts zwangsweise beendet worden. Das soll sich nun ändern. Ab jetzt soll jede gelungene Fahrt durch kontrolliertes Absteigen mit Festhalten des Rads beendet werden. Um das zu erreichen, gibt es zwei Möglichkeiten. Eine Möglichkeit ist das Absteigen hinter dem Rad, die andere ist das Absteigen vor dem Rad.

Zur Vorbereitung des *Absteigens hinter dem Rad* wird zuerst das Fahrtempo etwas reduziert. Bei gleichbleibend langsamem Treten wird der Oberkörper etwas nach hinten geneigt (Foto links oben). Durch die Körperrückneigung bekommt das Rad die Tendenz, nach vorn wegzufahren. Eine Hand faßt von vorn an oder unter den Sattel und hält das Rad fest, die Füße werden von den Pedalen genommen und setzen auf dem Boden auf, du stehst und hältst das Rad mit der Hand am Sattel fest (Foto links oben).

Absteigen hinter dem Rad

Absteigen vor dem Rad

Zum *Absteigen vor dem Rad* wird bei langsamer Fahrt einfach das Treten eingestellt. Behältst du eine aufrechte Körperhaltung bei, so neigt sich der Sattel mit dir nach vorn (Foto oben links). Eine Hand faßt von hinten an oder unter den Sattel, die Füße werden von den Pedalen genommen und setzen auf dem Boden auf (Foto oben rechts).

Die Rolle der Helfer

Nur Hilfe zu leisten, damit andere lernen können, ist auf Dauer langweilig. Die beste Lösung ist die, daß Fahrer und Helfer ihre Rollen von Zeit zu Zeit tauschen, sich beim Fahren und Unterstützen abwechseln. So bleiben Fahrer und Helfer eher mit Einsatz bei der Sache und können sich, wenn es mal nicht so gut läuft, gegenseitig wieder aufrichten und neuen Mut zusprechen. Die gefragteste Eigenschaft der Helfer (und auch der Fahrer) ist Geduld. Die Risiken, als Helfer verletzt zu werden, sind denkbar gering.

Die Helfer sind beim Unterstützen mehr durch die unkontrollierten Armbewegungen der auf dem Rad sitzenden Person als durch das umfallende Rad gefährdet, das Rad fällt meistens nach vorn oder hinten, die Helfer stützen rechts und links, außerhalb der Fallrichtung des Rads. Durch hilfesuchende Ruderbewegungen der Arme können die Helfer aber auch schon einmal Ohrfeigen oder kleine Kratzer abbekommen. Einige Einradfahrer krallen sich anfangs mit ziemlicher Kraft an Armen, Schultern, Kopf und Haaren sowie den Kleidungsstücken der Helfer fest, das kommt am häufigsten in der Lernphase vor, in der versucht wird, sich nur wenig abzustützen und zeitweise frei zu fahren. Die Helfer tragen am besten robuste Kleidungsstücke mit elastischen Eigenschaften, die auch ein kräftiges Zerren überstehen können.

Das Rad aufheben

Ist das Rad zu Boden gefallen, gibt es eine einfache Methode, es wieder aufzuheben, ohne sich durch Bücken Rückenschmerzen zu holen. Dabei wird ein Fuß so zwischen Sattelstütze und Sattel plaziert, daß das Rad durch Anheben des Fußes so weit aufgerichtet wird, bis es mit den Händen gegriffen werden kann.

Das Rad aufheben

Alleine fahren lernen

Wenn du aus irgendwelchen Gründen nicht mit anderen üben kannst oder willst, lernst du nach der Lonely-Hearts-Methode. Diese Methode führt auch zum Ziel. Voraussetzung dafür ist irgend etwas, an dem du dich festhalten kannst, während du auf dem Einrad sitzt. Das kann je nach Übungsmöglichkeit ein Türrahmen, eine Stange, ein Zaun oder eine Wand sein. Es sollte ein Objekt sein, das es dir erlaubt, dich daran festzuhalten und beim Fahren abzustützen und weiterzutasten.

Zuerst mußt du mit Hilfe der Stütze auf das Einrad kommen. Dazu wird das Einrad vor den Körper plaziert, der Sattel ist zwischen den Beinen. Der linke Fuß steht auf dem Boden und der rechte Fuß steht auf dem rechten Pedal. Die Gabel des Rads ist zu dir geneigt. Die rechte Tretkurbel zeigt in deine Richtung, schräg zum Boden. Beide Hände (später auch nur eine Hand) halten sich an der Stütze fest. Du drückst dich nun mit dem linken Bein vom Boden ab. Dadurch kommt Druck auf das rechte Pedal, das in die unterste Position gedrückt wird. Das Einrad richtet sich auf und du wirst nach oben geliftet. Oben angekommen, versuchst du die Tretkurbeln in eine waagerechte Position zu bringen.

Ein gutes Lernrevier für die Lonely-Hearts-Methode: Hier kann man sich auf beiden Seiten festhalten.

Alleine fahren lernen:
Erst mit beiden Händen… **…dann nur noch mit einer Hand abstützen.**

Aus der waagerechten Tretkurbelstellung wird eine halbe Radumdrehung vorwärts gefahren, bis die nächste waagerechte Position erreicht ist. Eine kleine Pause folgt. Wieder fahren, Pause, fahren, usw. Dabei muß man mit den Händen an der Stütze entlangwandern. Übe so, daß du dich abwechselnd auf der rechten und auf der linken Seite abstützt. Übt man beispielsweise nur mit der Stütze auf der linken Seite, hat das spätere freie Fahren zuerst einen chronischen Linksdrall. Wenn diese Übung gut klappt, stütze dich nur noch mit einer Hand ab.
Du wirst diese Übung einige Zeit (wenige Stunden) absolvieren müssen, bis du die ersten Meter frei fahren kannst. Verringere das Festhalten an der Stütze in dem Maß, in dem du dich beim Fahren zunehmend sicherer fühlst. Das Gefühl, frei fahren zu können, ist der *Durchbruch beim Einradfahren.*
Ganz gleich, nach welcher Methode du das Einradfahren lernst, nach einiger Übungszeit wirst du 20 m oder mehr frei und einigermaßen sicher fahren können. Damit hast du die Eintrittskarte zum Einradspaß in der Tasche.

Fahren

Übungs- und Trainingstips

Nachdem die erste schwere Hürde, das Fahrenlernen, geschafft ist, geht es nun daran, dieses Können unter verschiedenen Bedingungen zu festigen und auszubauen. Wer auf dem Einrad richtig gut werden will, muß regelmäßig und viel üben. Einige Tips können dir helfen, unnötige Fehler beim Üben zu vermeiden und somit schneller zum Ziel zu kommen.

- Setze dir für jede Übungsstunde konkrete und auch erreichbare Ziele. Das hilft dir, konzentriert und damit effektiv zu trainieren.
- Schreibe deine Trainingserfolge auf.
- Setze dir mittelfristige Trainingsziele, das kann beispielsweise sein: «In zwei Wochen kann ich 10 Minuten fahren, ohne abzusteigen.» Oder: «Am Ende des Monats kann ich ohne Hilfe auf das Einrad aufsteigen.»
- Nutze Stürze aus! Stürze und Abstiege geben dir nämlich die Gelegenheit, verschiedene Aufstiegstechniken zu üben. Wenn du nur eine Aufstiegstechnik beherrschst, steige abwechselnd mit dem rechten und mit dem linken Bein auf.
- Beschäftige dich auch gedanklich mit dem Einradfahren, sprich über dein Training und deine Trainingserfolge (aber nicht so viel, daß du anderen damit auf die Nerven fällst).

- Übe gezielt neue Techniken oder versuche, neue Übungsaufgaben erfolgreich zu absolvieren. Das Üben neuer Techniken erfolgt ca. 15 Minuten nach Trainingsbeginn. Die Zeit davor gehört dem Warmmachen (Einfahren), den Dehnungsübungen (wenn nötig) und einer kurzen Wiederholung bekannter Techniken.
- Versuche nicht, nach sehr anstrengenden körperlichen Belastungen neue Techniken einzuüben. Techniktraining in ermüdetem Zustand hat wenig Sinn.
- Übe analog zur jeweils beschriebenen Seite auch mit der anderen Körperseite bzw. mit dem anderen Bein.
- Stelle dein Übungsprogramm so zusammen, daß du neben dem Lernen neuer Techniken auch das Wiederholen und Perfektionieren bekannter Techniken nicht vergißt.
- Vermeide es unbedingt, deine Arme und Hände in «ausweglose» Situationen zu bringen. Also, stecke deine Hände beim Fahren nicht in Taschen, oder versuche nicht, dir beim Fahren einen Pullover über den Kopf zu ziehen.
- Fahre nicht mit zerbrechlichen oder gefährlichen Gegenständen. Mit den freien Händen kannst du beim Einradfahren eine Menge anfangen, aber nicht beim Fahren aus einer Glasflasche trinken oder dir mit einem Messer ein Brot schmieren.
- Fahren mit Walkman ist eine zwiespältige Sache. Einerseits kann die Musik stimulieren, und der Musikrhythmus kann eine gute Übungshilfe sein. Andererseits hörst du keine (Warn-)Signale deiner Umgebung.
- Versuche, nach und nach so viele *Übungsaufgaben* wie möglich zu realisieren. Die Übungsaufgaben sind im folgenden Text durch *Kästchen* hervorgehoben. Du mußt bei einer Technik aber nicht alle Übungsaufgaben restlos geschafft haben, um zum Lernen der nächsten Technik übergehen zu können. Du sollst zwar im Laufe der Zeit so viele Übungsaufgaben wie möglich schaffen, auf einige der Aufgaben kannst du auch erst dann wieder zurückkommen, wenn du sicherer und besser geworden bist. Markiere die Übungsaufgaben, die du geschafft hast, so behältst du den Überblick. Schreibe dir bei einigen Übungsaufgaben auf, wie du sie geschafft hast, beispielsweise «einen Kilometer ohne absteigen gefahren» oder «Strecke zwischen zwei Laternen in 17 Sekunden durchfahren» oder «Innerhalb von drei Minuten fünf freie Aufstiege geschafft».

Fahren mit Durchblick

Schon die geringste Ablenkung der Konzentration auf das Fahren bringt dich anfangs in Schwierigkeiten, also auch gezieltes Sehen. Dennoch mußt du üben, deine Umgebung beim Fahren wahrzunehmen:

Zähle beim Fahren irgendwelche markanten Objekte. Das können Bäume, Zaunlatten, Personen oder Hunde sein.
Sieh dir beim Fahren im Freien die Landschaft genau an.
Versuche, beim Fahren auf die Uhr zu schauen.
Erweitere dein Gesichtsfeld durch Blicke nach rechts und links.
Versuche, dich beim Fahren kurz umzudrehen.

Distanzen zurücklegen

Durch diese Übungen wird dein Tritt runder und kraftsparender, die Fahrtechnik wird sicherer.

Fahre mehrere Kilometer hintereinander.
Versuche, auf einer festgelegten, längeren Strecke deine Fahrzeit zu verbessern oder die Anzahl der unfreiwilligen Abstiege zu reduzieren.
Fahre nach bestimmten Zeitvorgaben, wie 5, 10, 15 oder 30 Minuten.

An einigen Stellen, wo du fährst und möglicherweise absteigen mußt, wird es keine Aufstiegshilfen geben. Es ist also wichtig, den Aufstieg ohne Hilfe zu lernen.

Aufsteigen ohne Hilfe

Den Aufstieg ohne Hilfe lernst du am besten, wenn du schon ein bißchen Sicherheit beim Fahren erreicht hast:
Das Rad steht vor dir, die Gabel des Rads ist zu dir geneigt, der Sattel befindet sich zwischen deinen Beinen. Eine Hand kann anfangs den Sattel in der Aufstiegsphase festhalten, später gelingt der Aufstieg auch freihändig. Das rechte Pedal zeigt zu dir, schräg zum Boden. Der linke Fuß steht auf dem Boden, der rechte Fuß steht auf dem rechten Pedal. Du drückst dich nun mit dem linken Bein vom Boden ab. Dadurch kommt Druck auf das rechte Pedal, das in die unterste Position gedrückt wird. Durch diesen Druck wirst du nach oben geliftet. Nun beginnt das eigentliche Balanceproblem, zum einen, weil der Bodenkontakt mit dem Fuß aufgegeben wurde, zum anderen, weil der linke Fuß möglichst schnell auf das linke Pedal gesetzt werden muß.

Aufsteigen ohne Hilfe: Der freie Aufstieg von hinten

Ist das erfolgreich geschehen, setzen beide Füße die durch den Aufstieg eingeleitete Rückwärtsbewegung der Pedale noch ein wenig fort, bremsen ab und kehren die Bewegungsrichtung nach vorwärts um. Die Fahrt kann beginnen.
Ein Hauptproblem bei diesem Aufstieg ist die Gewichtsverlagerung. Um auf das Rad zu kommen, mußt du zwar Druck auf das rechte Pedal geben, gibst du aber zu viel und zu lange Druck, bleibt das rechte Pedal im unteren Umkehrpunkt hängen, der Aufstieg klappt nicht. Versuche, das Körpergewicht *schnell* über das Gesäß auf den Sattel zu bringen und damit besonders das rechte Pedal zu entlasten.
Was sich in der Erklärung einfach und einleuchtend anhört, ist in der Praxis erst einmal gar nicht so einfach. Du wirst eine ganze Reihe von Versuchen benötigen, bis du den freien Aufstieg beherrschst.

Suche dir ein ruhiges, unbeobachtetes Plätzchen und übe den freien Aufstieg.
Steige beim Fahren nach höchstens einer Minute freiwillig ab und gehe mit dem freien Aufstieg wieder auf das Rad.
Mache innerhalb von drei Minuten so viele Aufstiege wie möglich.
Mache innerhalb von drei Minuten so viele Aufstiege wie möglich, abwechselnd mit dem linken und dem rechten Bein.

Richtungsänderungen, Kurven fahren

Anfangs wird dir eine Richtungsänderung nur sehr mühevoll und auch sehr ruckartig gelingen. Es dauert eine Weile, bis du kleinere Kurven und Kreise fahren kannst. Eine waagerecht-seitliche Armhaltung erleichtert die Übung etwas und trainiert gleichzeitig deine Schultermuskulatur.
Eine Kurvenfahrt wird dadurch eingeleitet, daß der Körper leicht in die Richtung geneigt wird, in die die Kurve gefahren werden soll. Zur Unterstützung der Kurvenfahrt dient eine vom Oberkörper ausgehende Drehbewegung, die in die gewünschte Fahrtrichtung weist und über die Hüften und das Gesäß auf das Einrad übertragen wird.

Fahre eine große 90-Grad-Kurve.
Fahre eine große 180-Grad-Kurve.
Fahre einen ganzen Kreis.
Verkleinere beim Üben jeweils langsam den Kurvenradius.
Übe Kurven und Kreise nach rechts und nach links.

Slalom und Figuren fahren

Lege kleine Steinchen in einer Reihe im Abstand von mehreren Metern hintereinander. Fahre einen Slalom um diese Markierungen. Verkürze den Abstand zwischen den Markierungen.
Stelle dir schwierigere Slalomstrecken zusammen.
Stoppe die Zeit, in der du eine Slalomstrecke durchfährst. Versuche, die Zeit zu verbessern.

Fahre eine große Acht. Im Laufe der Übungszeit soll die Größe der Acht verkleinert werden.
Versuche, große Buchstaben, wie beispielsweise ein P oder ein S, zu fahren.
Fahre einem langsam kurvenfahrenden Zweiradfahrer in geringem Abstand genau hinterher.
Versuche, einem anderen Einradfahrer im Abstand von ca. 3 Metern genau hinterherzufahren.

Slalomfahren

Fahren mit Tempowechsel

Dem schnellen Fahren auf dem Einrad sind je nach Reifengröße mehr oder weniger enge Grenzen gesetzt. Diese Grenzen werden durch die Bewegungsschnelligkeit deiner Beine und durch die Fliehkraft markiert. Die Geschwindigkeitsbarriere auf dem Einrad ist erreicht, wenn du so schnell trittst, daß dir die Füße von den Pedalen fliegen. Beim extremen Schnellfahren mußt du also so schnell treten, daß du die Füße gerade noch auf den Pedalen halten kannst. Leicht gesagt, in der Praxis allerdings gar nicht so einfach.
Genauso schwierig wie in ein Rennpferd läßt sich dein Einrad in eine Schnecke verwandeln. Beim extremen Langsamfahren darfst du dir keine größeren seitlichen Abweichungen gestatten. Langsamfahren kann man am besten mit seitlichen Begrenzungen (Kreidestriche, schmaler Weg o. ä.) üben.

Durchfahre eine festgelegte Strecke so schnell wie möglich.
Versuche, eine festgelegte Strecke so langsam wie möglich zu durchfahren.
Fahre abwechselnd 10 schnelle und 10 langsame Tretkurbelumdrehungen. Reduziere diese Zahl immer weiter, bis du bei einer schnellen und einer langsamen Umdrehung angekommen bist.

Prüfe deine Verkehrstauglichkeit

Wie wir wissen, ist das Einradfahren im deutschsprachigen Raum weder auf Straßen noch auf Rad- und auf Gehwegen erlaubt. Wenn man jedoch sicher genug fährt, gibt es keinen vernünftigen Grund, wieso Einradfahrer nicht auf Rad- und Gehwegen fahren sollten.
Bevor du auf Gehwegen oder auf Radwegen mit anderen Radfahrern oder Fußgängern am normalen Verkehr teilnimmst, tust du allerdings gut daran, dein Können mit einer kleinen, internen Fahrprüfung zu testen. Prüfe deine Sicherheit beim Fahren, Auf- und Absteigen und deine Fähigkeit, anderen Verkehrsteilnehmern ausweichen zu können. Der folgende *Test* kann dir dabei helfen:

- ❑ Mache hintereinander 10 freie Aufstiege. Mindestens 9 davon müssen gelingen.

- ❑ Fahre 10 Minuten durchgehend. Du darfst dir höchstens zwei Abstiege leisten, bei denen das Rad mit der Hand festgehalten werden muß.

- ❑ Markiere eine Slalomstrecke mit 6 Steinchen (o. ä.) im Abstand von jeweils ca. 3 Metern (Schritten). Durchfahre die Strecke zehnmal. Mindestens 9 Versuche müssen fehlerfrei sein.

- ❑ Fahre auf ein Hindernis zu und steige ca. 3 Meter davor ab. Du steigst abwechselnd vor und hinter dem Rad ab und hältst das Rad jeweils mit einer Hand fest. Von 20 Versuchen müssen alle gelingen.

Wenn du den Test nicht bestanden hast, ist es besser, noch dort zu üben, wo nur sehr wenige bewegliche Objekte deine Wege kreuzen. Wenn du den Test geschafft hast, fährst du sicher genug auf dem Einrad, um dich und andere nicht zu gefährden, das gilt aber wohlgemerkt nur für Gehwege und Radwege. Das Bestehen dieser «Prüfung» gibt dir aber in keinem Fall das Recht, auf Autostraßen zu fahren.

Kombination mit anderen Bewegungen

Bisher sind deine Arme beim Fahren wahrscheinlich seitlich ausgestreckt, und sie machen wenig elegante, abgehackte Ausgleichsbewegungen. Gezielte Armbewegungen, die als nächstes gelernt werden sollen, unterbinden diese Ausgleichsbewegungen und sind somit in der jetzigen Lernphase ein Störfaktor, der erst einmal zu einem etwas unsicheren Fahrgefühl führt.
Durch gezielte Armbewegungen lernst du, deine Arme bzw. deinen Körper unabhängig vom Treten auf dem Einrad zielgerichtet und kontrolliert zu bewegen.
Du wirst so deinen Fahrstil verbessern und langfristig eine ruhige und lockere Armhaltung beim Fahren bekommen.

Zu den kontrollierten und bewußt gesteuerten Armbewegungen auf dem Einrad kann auch das *Jonglieren* gehören. Übungen, die auf die Kombination von Einradfahren und Jonglieren hinarbeiten, sind mit einem (J) gekennzeichnet.

Klatsche beim Fahren in die Hände.
Verschränke die Hände vor dem Körper.
Nimm beim Fahren beide Hände ins Genick oder auf den Rücken.
Fahre mit kleinen oder großen Armkreisen.
Lege beim Fahren die Hände auf die Knie.
Versuche, beim Fahren die Füße auf den Pedalen ein wenig zu versetzen.
Bringe beim Fahren möglichst viel Körpergewicht auf den Sattel und nur ganz wenig Gewicht auf die Pedale.
Verlagere beim Fahren möglichst viel Körpergewicht auf die Pedale, so daß kaum Gewicht auf dem Sattel ist.

Strecke bei jeder waagerechten Tretkurbelposition beide Beine und stehe kurz auf.
Tippe beim Fahren mit den Händen an die Schuhe.
(J) Wirf beim Fahren einen kleinen Ball von einer Hand in die andere.
(J) Versuche, beim Fahren zwei Bälle durch stirnhohe Würfe auszutauschen (siehe Seite 147).
(J) Wenn du (ohne Einrad) drei Bälle sicher jonglieren kannst: Versuche, während des Fahrens zu jonglieren (schwere Übung).

Bergauf- und Bergabfahren

Welche Steilheit einer Steigung geschafft wird, hängt nicht nur vom Können, sondern auch von der Reifengröße ab. Je größer das Rad ist, desto schwerer wird das Bergauffahren fallen, weil du kräftiger treten mußt. Beim Runterfahren übst du das Bremsen. Beide Übungen trainieren die Beinmuskulatur.
Gebremst wird das Einrad beim Bergabfahren dadurch, daß du das aufsteigende und kräftig gegen deine Sohle drückende Pedal durch Gegendruck aus deinen Beinen zu einer langsamen Bewegung zwingst. Zur Unterstützung der Bremsbewegung wird das Körpergewicht etwas stärker vom Sattel auf das zu bremsende Pedal verlagert.

Fahre abschüssige Strecken hinunter.
Fahre Steigungen hoch.
Fahre bergauf und bergab sowohl in direkter Linie als auch in Schlangenlinien.

Fahren über kleine Hindernisse

Es ist leicht, eine Bordsteinkante hinunterzufahren, schwieriger, eine (kleine) Bordsteinkante hinaufzufahren. Dem Hochfahren über Hindernisse, wie beispielsweise über Bordsteinkanten, ist bei einer gewissen kritischen Höhe des Hindernisses ein Ende gesetzt, Höhen von 10 bis 15 cm und mehr können nicht mehr einfach überfahren werden.

Das Überfahren einer solchen Höhe nach unten bereitet dagegen keine unüberwindlichen Schwierigkeiten. Beim Überfahren von Hindernissen kann es dir helfen, wenn du dein Körpergewicht vom Sattel gleichmäßig auf beide Pedale verlagerst und ein wenig aufstehst.

Übe, kleine Bordsteinkanten oder ähnliche Hindernisse von wenigen Zentimetern Höhe (an Ein- oder Ausfahrten) hochzufahren. Fahre dabei nicht zu langsam an.
Fahre Bordsteinkanten oder ähnliche Hindernisse hinunter. Versuche, die Höhe der zu überwindenden Hindernisse langsam zu steigern.

Fahren im Gelände

Fahrten im Gelände sind nur dann zu vertreten, wenn sichergestellt ist, daß das Einradfahren eine umweltverträgliche Sportart bleibt.

Fahre auf Waldwegen oder anderen unbefestigten Wegen.
Fahre über ein Rasenstück. Da der Rasen durch schlichtes Geradeausfahren schon genug strapaziert wird, soll er nicht noch zusätzlich durch Richtungsänderungen ruiniert werden, bei denen der Reifen den Boden umpflügt.

Fahrstil

Alle gut bekonnten Bewegungen wirken auf den Betrachter so, als würden sie leicht und locker und ohne viel Anstrengung ausgeführt. Je leichter und ungezwungener der Einradfahrer oder die Einradfahrerin wirkt, um so besser ist auch der Fahrstil.
Du sitzt mit geradem Oberkörper aufrecht auf dem Einrad. So aufrecht wie eine Marionette, die ganz gerade sitzt, weil ihr Kopf an einem Seil befestigt ist. Der Kopf wird gerade gehalten, der Blick ist nach vorn gerichtet. Die Arme können locker neben dem Körper hängen oder beispielsweise beim Fahren hinter dem Rücken, Hand in Hand, gehalten werden. Entspannte Gesichtszüge vermitteln den Eindruck wahren Bewegungsgenusses. Ziel eines guten Fahrstils ist es auch, (schnur-)geradeaus und ohne Schlangenlinien fahren zu können. Der anfangs zwangsläufig vorherrschende «abgehackt» wirkende Fahrstil verschwindet mit zunehmendem Können, das Treten soll rund, harmonisch und ohne stockende Kunstpausen erfolgen.

Fahre mit dem Rücken zur Sonne und überprüfe deinen Fahrstil, indem du deinen eigenen Schatten an einer Wand oder auf dem Boden betrachtest.
Laß dich beim Fahren fotografieren oder filmen und begutachte deinen Fahrstil anhand der Aufnahmen.

Scharfe Kurven fahren – Drehungen

Richtungsänderungen mit dem Einrad dürften in der jetzigen Lernphase kein Problem mehr sein, das Kurvenfahren wurde ja schon geübt. Nun sollen aber besonders scharfe Kurven gefahren werden. Kurven, die so eng wie möglich sind und nur auf sehr kleiner Fläche gefahren werden. Während man für die größeren Kurven mehrere Tretkurbelumdrehungen benötigt, sollen die scharfen Kurven nur mit

Gleich wird das Rad mit Pedalaktion nach links gedreht. Der Oberkörper zeigt bereits in die neue Bewegungsrichtung.

einem kräftigen Heruntertreten des Pedals gefahren werden. Die scharfen Kurven können so eng gefahren werden, daß sie wie Drehungen auf der Stelle wirken.

Aus normaler Geradeausfahrt wird das Tempo so weit reduziert, daß das Einrad fast zum Stehen kommt. Wird eine Linkskurve gefahren, so befindet sich das linke Pedal in der vorderen, waagerechten Position. Beide Arme sind seitlich abgespreizt, der Oberkörper wird nach links gedreht. In dieser Phase ist der Oberkörper schon in Richtung der gewünschten Bewegung vorgedreht, während sich der untere Teil des Körpers noch in der alten Bewegungsrichtung befindet. Die Verwringung des Körpers wird durch kräftiges Heruntertreten des linken Pedals und Hinterherdrehen des unteren Teils des Körpers in die Bewegungsrichtung, in die der Oberkörper schon gedreht ist, aufgelöst. Es wird eine scharfe Linkskurve gefahren. Das erste Ziel sind 90-Grad-Drehungen nach rechts und nach links. Nach einiger Übung können auch 180-Grad-Drehungen erreicht werden. Da ständig auf den gleichen (Reifen)-Stellen gedreht wird, führt diese Übung zur extrem schnellen Abnutzung des Mantels.

Fahre eine scharfe 45-Grad-Drehung.
Fahre eine scharfe 90-Grad-Drehung.
Fahre eine scharfe 180-Grad-Drehung.
Übe Kurven nach rechts und nach links.

Rückwärtsfahren

Das Rückwärtsfahren ist nicht nur eine herausfordernde Technik auf dem Einrad, es macht auch besonders viel Spaß, mit einem Rad rückwärts zu fahren. Das Rückwärtsfahren ist als Grundfertigkeit eine wichtige Voraussetzung für das Erlernen weiterer, schwierigerer technischer Elemente. Wenn du mit dem Einrad mehr können willst, als mal eben zum Briefkasten zu fahren, solltest du das Rückwärtsfahren lernen.
Beim Beginn des Rückwärtsfahrens wird aus einem einigermaßen sicher (vorwärts) fahrenden Einradfahrer leider wieder ein totaler Anfänger. Die Lernzeit, die benötigt wird, bis man einige Meter rückwärts fahren kann, dürfte ein wenig länger sein als die Zeit, die zum Erlernen des Vorwärtsfahrens benötigt wurde. Aber, keine Sorge, wer vorwärts fahren kann, hat sich ja bereits durch Beharrungsvermögen und Geschicklichkeit ausgezeichnet und wird auch diese neue Technik meistern.

Rückwärtsfahren

Technisch gesehen sind die ersten Rückwärtsfahrversuche ein Neubeginn. Methodisch kann genauso wie ganz am Anfang auf dem Einrad, nämlich beim Erlernen des Vorwärtsfahrens, vorgegangen werden, mit dem Unterschied, daß durch die neue Fahrrichtung auch noch andere Schwierigkeiten auftreten. So stellt das Problem der Blickrichtung nach hinten und damit der Kopfdrehung eine neue Anforderung dar. Die Lernschritte mit und ohne Helfer ähneln denen beim Lernen des Vorwärtsfahrens.

Rückwärtsfahren lernen mit Hilfe

Wie beim Vorwärtsfahren liegt die Hauptschwierigkeit beim Rückwärtsfahren bei der Wahrung der Vorwärts-Rückwärts-Balance. Damit deine volle Konzentration auf die Hauptschwierigkeiten gelenkt werden kann, wird die «Nebenschwierigkeit», die Seitwärts-Balance, durch Hilfen in den ersten Lernphasen ausgeschaltet.

Rückwärtsfahren mit zwei Helfern

Steige entweder zwischen den zwei Helfern auf das Rad, oder fahre langsam so an die Helfer heran, daß du zwischen ihnen zum Stehen kommst. Breite die Arme seitlich aus und halte dich an den Helfern fest. Die Tretkurbeln werden in waagerechte Position gebracht, und es wird eine halbe Radumdrehung nach hinten getreten. Nach der halben Umdrehung befinden sich die Tretkurbeln wieder in waagerechter Position. So wird nun weiter geübt, halbe Umdrehung, Pause, halbe Umdrehung, Pause usw. Während du rückwärts trittst und fährst, gehen die Helfer bei diesen Übungen vorwärts. Wird diese Übung einigermaßen sicher beherrscht, können zunächst ganze Umdrehungen und später mehrere Umdrehungen hintereinander gefahren werden. Mit zunehmender Sicherheit stützt du dich immer weniger auf den Helfern auf, bis du die ersten Meter frei fahren kannst.

Rückwärtsfahren mit zwei Helfern

Rückwärtsfahren mit einem Helfer

Rückwärtsfahren mit einem Helfer

Das Rückwärtsfahren kann auch mit nur einem Helfer oder einer Helferin gelernt werden. Die Übungsfolge entspricht der mit zwei Helfern. Diese Methode dürfte deshalb etwas anspruchsvoller sein, weil das Problem der seitlichen Balance durch den einen Helfer nur auf einer Seite optimal gelöst ist. Damit du durch ständiges einseitiges Üben später beim Fahren keine Schlagseite bekommst, soll die helfende Person abwechselnd links und rechts unterstützen.

Alleine Rückwärtsfahren üben

Bei der Lonely-Hearts-Methode wird ein Übungsgelände mit Festhaltemöglichkeiten benötigt. Nach dem Aufstieg werden die Tretkurbeln in eine waagerechte Position gebracht. Aus der waagerechten Tretkurbelstellung wird eine halbe Radumdrehung rückwärts gefahren, bis die nächste waagerechte Position erreicht ist. Eine kurze Pause folgt. Wieder fahren, Pause, fahren, usw. Dabei mußt du mit den Händen an der Stütze entlangwandern. Nach nicht allzu langer Übungszeit können ganze Tretkurbelumdrehungen, später mehrere hintereinander gefahren werden. Wer diese Übung lange genug (einige Stunden) absolviert hat, wird irgendwann versuchen wollen, einige Tretkurbelumdrehungen frei – ohne Festhalten – zu fahren. Das Fahren ist anfangs sehr wackelig und unsicher und geht zuerst nur über einige Meter. Aber, keine Angst vor dieser Übung, nur mit sehr viel Pech liegst du wie ein Käfer auf dem Rücken, die meisten Stürze beim Rückwärtsfahren enden auf den Füßen.

Gute Lernbedingungen für das Rückwärtsfahren: Unterstützung auf beiden Seiten

Übungen für das Rückwärtsfahren

Einige Übungsaufgaben sollen wieder dafür sorgen, daß das Rückwärtsfahren immer sicherer und variabler beherrscht wird. Der Schwierigkeitsgrad der Aufgaben steigt mit jeder Übung an.

Fahre abwechselnd langsam und schnell rückwärts.
Fahre längere Strecken hintereinander rückwärts.
Schaue beim Rückwärtsfahren abwechselnd über die rechte und über die linke Schulter nach hinten.
Rückwärtsfahren mit vor dem Körper gefalteten Händen.
Fahre Schlangenlinien.
Fahre eine große Rechtskurve, eine große Linkskurve.
Fahre erst große, dann kleinere Kreise nach rechts und nach links.
Fahre rückwärts mit verschränkten Armen.
(J) Versuche, beim Rückwärtsfahren einen kleinen Ball von einer Hand in die andere zu werfen.
(J) Versuche, beim Rückwärtsfahren zwei Bälle durch stirnhohe Würfe auszutauschen (siehe Seite 147).
Fahre rückwärts eine Acht.
(J) Versuche, beim Rückwärtsfahren drei Bälle zu jonglieren (sehr schwer).

Beim Rückwärtsfahren mit Jonglieren mußt du neben den koordinativen Schwierigkeiten nun auch noch mit dem Problem der Blickrichtung kämpfen. Du mußt abwechselnd nach hinten, in Fahrtrichtung, und nach vorn, auf die Bälle, blicken. Übe nur dort, wo viel Platz ist, damit du bei der Übung nicht gegen Hindernisse fährst.

Vorwärtsfahren – Rückwärtsfahren

Wenn du das Vorwärts- und das Rückwärtsfahren beherrschst, kannst du beide Fertigkeiten miteinander verbinden. Eine Möglichkeit, das zu tun, ist eine 180-Grad-Drehung aus normaler Vorwärtsfahrt mit sofortiger Rückwärtsweiterfahrt in die gleiche Richtung. Die Hauptschwierigkeit liegt hier in einer sauberen halben Drehung, nach der sofort rückwärts weitergefahren wird. Damit die halbe Drehung richtig ausgeführt werden kann, muß in dieser Lernphase das Fahrtempo extrem verlangsamt werden.

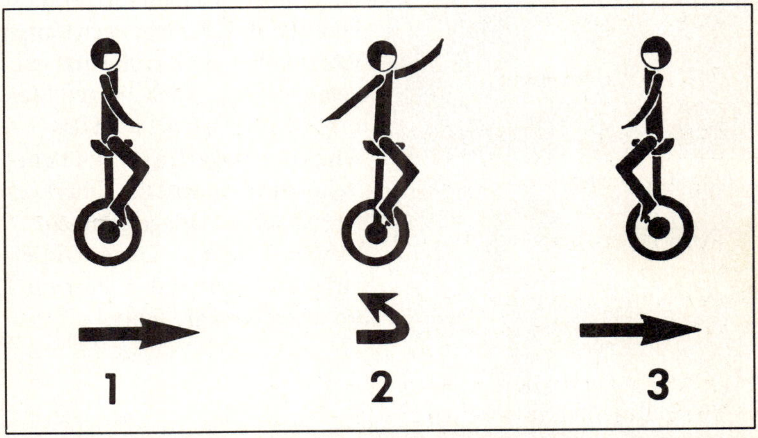

Mit dem Einrad anfahren (1), eine schnelle halbe Drehung machen (2) und rückwärts in dieselbe Richtung weiterfahren (3).

Fahre die beschriebene Übung sowohl mit einer Links- als auch mit einer Rechtsdrehung.
Fahre mit dem Einrad rückwärts, mache eine schnelle halbe Drehung und fahre vorwärts weiter.

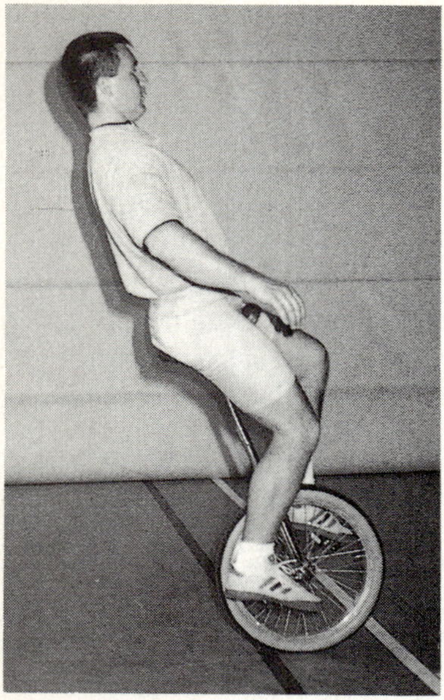

Bei einer anderen Möglichkeit, das Vorwärts- und Rückwärtsfahren miteinander zu kombinieren, wird aus der Vorwärtsfahrt das Tempo verringert, kurz vor dem Stehenbleiben wird der Oberkörper in Rücklage gebracht, und das gerade aufsteigende Pedal wird durch gefühlvollen Druck des daraufstehenden Fußes abgebremst. Einrad und Fahrer sind somit zum Stehen gekommen, jedoch durch die Körperrücklage mit Tendenz nach hinten (Foto links oben). Um nicht nach hinten überzufallen, muß rückwärts getreten werden. Nach einigen Metern Rückwärtsfahrt wird das Tempo verringert, kurz vor dem Stehenbleiben wird der Oberkörper in leichte Vorlage gebracht (Foto links unten). Diese Körpervorlage erleichtert den Start zur erneuten Vorwärtsfahrt.

Abbremsen mit starker Vor- bzw. Rücklage.
Um nicht zu stürzen, muß schnell in Richtung der Körperneigung weitergefahren werden.

Was sich in einer solchen Beschreibung relativ unkompliziert anhört, ist natürlich in der Praxis gar nicht so einfach. Die Hauptschwierigkeit ist die zeitlich richtige und wohldosierte Bremswirkung, die auf das aufsteigende Pedal wirkt. Dazu ist der Zeitpunkt und das Ausmaß von Vor- und Rücklage anfänglich ein Problem. Aber mit zwei wichtigen Verbündeten, nämlich Bewegungsgefühl und Beharrungsvermögen, wird auch diese Übung sicher gelingen.

Fahre zwischen zwei Markierungen abwechselnd vorwärts und rückwärts hin und her.
Versuche, in einem möglichst kleinen Areal Einrad zu fahren, von einer größeren Fläche angefangen bis 1 mal 1 Meter. Die Grenzen des kleiner werdenden Übungsgebiets können dabei durch Steinchen markiert werden. Eine kleinere Reifengröße erleichtert die Übung.

Pendeln

Als Pendeln wird die Übung bezeichnet, bei der nicht mehr als eine halbe Tretkurbelumdrehung abwechselnd vorwärts und rückwärts gefahren wird. Pendeln ist also ein Auf-der-Stelle-Stehen auf dem Einrad, mit kleinen Ausgleichsbewegungen, hauptsächlich nach vorn und hinten. Das Pendeln ist eine elementare Technik auf dem Einrad. Wenn du das Pendeln beherrschst, kannst du damit Ruhepausen beim Fahren oder Üben einlegen, ohne absteigen zu müssen. Mit dieser Technik kannst du auch auf kleinstem Raum auf dem Einrad fahren, beispielsweise auf einer Bühne.
Die ersten Lernschritte bei dieser Übung werden wieder mit Festhalten unternommen. Der Fuß, der auf dem unteren Pedal steht, übernimmt bei der Pendelbewegung die etwas wichtigere Rolle. Er soll nach vorn und hinten eine jeweils richtig dosierte Bremsbewegung im richtigen Moment ausführen. Der Antrieb in die neue Richtung wird von beiden Füßen zu etwa gleichen Teilen geleistet.

Die Pedale werden bei dieser Technik nur zwischen den weiß markierten Stellen bewegt. Wie bei einem Pendel ist der Ausschlag am unteren Ende am größten, das Rad ist quasi das Pendelende und bewegt sich hin und her, dein Kopf ist die Pendelaufhängung und bleibt ruhig und aufrecht.
Am Anfang wirst du beim Pendeln vielleicht ein wenig mit den Armen rudern. Mit zunehmender Sicherheit werden diese Rettungsbewegungen immer mehr eingestellt. Da es in den ersten Lernphasen beim Pendeln normalerweise zu vielen Auf- und Abstiegen kommt, können hier gleichzeitig verschiedene Aufstiegstechniken geübt werden (siehe Seite 64 und 92 bis 104).

Pendeln: Ein Fuß (hier der rechte) bewegt beim Pendeln das Pedal nur in der unteren Radhälfte. Der andere Fuß (der linke) bewegt das Pedal nur in der oberen Radhälfte.

Übungen für das Pendeln

Halte dich beim Lernen des Pendelns mit einer Hand an einem geeigneten Gegenstand fest. Versuche, die Unterstützung durch das Festhalten nach und nach zu verringern.
Pendle nach verschieden schnellen Musikrhythmen. Das Ziel dieser Übung ist es, die Pendelbewegung genau an den vorgegebenen Takt der Musik anzupassen.
Pendle mit gefalteten Händen.
Pendle mit verschränkten Armen.
Pendle 3, 5, 10 Minuten ohne Pause und ohne abzusteigen.
(J) Wirf einen kleinen Ball beim Pendeln von einer Hand in die andere.
(J) Versuche, zwei Bälle beim Pendeln durch stirnhohe Würfe auszutauschen (siehe Seite 147).
(J) Jongliere drei Bälle beim Pendeln.
Bewege dich beim Pendeln mit dem Rad mehrere Meter nach rechts bzw. nach links.
Führe beim Pendeln eine Rechtsdrehung, eine Linksdrehung aus.
Versuche, beim Pendeln Zeitung zu lesen.
Pendle mit immer kleiner werdenden Bewegungen, so daß du für kurze Zeit völlig ruhig stehst.
Versuche, beim Pendeln die Augen zu schließen und konzentriere dich ganz auf dein Bewegungsgefühl (schwer).

Sicheres Vorwärts- und Rückwärtsfahren inklusive Kurvenfahren, ein sicherer freier Aufstieg und das Pendeln sowie unzählige mögliche Kombinationen dieser Fertigkeiten bilden die technischen Grundlagen des Einradfahrens. Anders ausgedrückt – das war das Pflichtprogramm auf dem Einrad, alles was nun folgt, ist die Kür.

Fortgeschrittene Techniken des Einradfahrens

Der Übergang vom Anfänger zum Fortgeschrittenen und endlich zum Könner vollzieht sich im Buch beim Umblättern von einer Seite auf die andere, es ist aber in Wirklichkeit eine langsame Entwicklung. Mit dem Umblättern ist auch keine Verabschiedung von den grundlegenden Techniken auf dem Einrad verbunden. Vielleicht werden dir einige fortgeschrittene Techniken weniger Schwierigkeiten bereiten als die eine oder andere der als grundlegend eingestuften Techniken oder als die eine oder andere dort aufgeführte Übungsaufgabe. Deshalb ist es auch möglich, daß du schon fortgeschrittene Techniken übst, ohne alle grundlegenden Techniken vollständig zu beherrschen oder ohne alle Übungsaufgaben zu diesen Techniken vollständig geschafft zu haben. Übe auch als Fortgeschrittene(r) die grundlegenden Techniken immer wieder und komme auf die Übungsaufgaben zurück, die du bisher noch nicht geschafft hast. Anfänger, Fortgeschrittene und Könner sind Bezeichnungen, die sich nicht exakt abgrenzen lassen. Die Übergänge vom Anfänger zum Könner vollziehen sich an bestimmten Stellen schneller oder langsamer, mal turbulent, mal ruhig, mal etwas schneller mitnehmend, mal etwas länger zurücklassend, aber immer in eine Richtung, eben fließend.

Üben – Schwerpunkte setzen

Wenn du die grundlegenden Techniken gelernt hast, bist du auf dem Einrad schon ganz gut, wie es nun weitergeht, hängt davon ab, was du mit und auf dem Einrad hauptsächlich machen willst. Es gibt drei Richtungen oder Schwerpunkte, die das weitere Üben mitbestimmen können.

Der erste Schwerpunkt ist der des *Freizeitfahrens*. Wenn du dich einfach nur auf dem Einrad entspannen willst, hin und wieder übst und einige Fahrten unternimmst, stehen Vergnügen und Spontaneität beim Üben im Vordergrund. Das Übungsprogramm wird meistens nach dem Lustprinzip zusammengestellt und kann nach demselben Prinzip jederzeit verändert werden. Alle Übungen, die attraktiv erscheinen und Spaß machen, eignen sich.

Der zweite Schwerpunkt ist der des *sportlichen Fahrens*. Beim sportlichen Fahren stehen die Aspekte der Kraft und der Kondition etwas stärker im Vordergrund. Du kannst mit dem Einrad nach Zeit fahren und (individuelle) Rekorde aufstellen. Radsportler können mit dem Einrad mit einer 1:1-Übersetzung den «runden Tritt» üben. Wenn du Einradfahren zur Unterstützung deiner Hauptsportart, als trainingsbegleitende oder regenerative Maßnahme durchführst, wirst du Übungen mit dem Einrad aussuchen, die den Anforderungen der Hauptsportart in etwa entsprechen. Zum Beinkrafttraining können bestimmte Übungen, wie das Fahren mit dem Sattel vor oder hinter dem Körper, gezielt ausgewählt werden. Das Schwergewicht der Übungen wird eher bei den «raumgreifenden» Fahrtechniken (vorwärts, rückwärts, einbeinig, ohne auf dem Sattel zu sitzen) und etwas weniger beim Pendeln liegen. Beim sportlichen Fahren wirst du deine Übungen meistens gezielt aussuchen und mit System durchführen.

Der dritte Schwerpunkt ist der des *artistischen Fahrens*. Das artistische Fahren dient entweder zur Befriedigung eines selbst gesetzten Standards, oder die Einradkünste sollen vor Publikum gezeigt werden. Das Übungsprogramm zielt hier meist auf den Aufbau einer vorzeigbaren Nummer. Übungsschwerpunkte sind publikumswirksame Techniken wie Springen, Pirouette oder Wheel-walking. Dazu kommt häufig die Kombination des Einradfahrens mit einer anderen

Bewegung wie Seilspringen oder Jonglieren. Beim artistischen Fahren ist das Pendeln in allen Variationen und in Kombination mit anderen Bewegungen ein besonders wichtiger Teil des Übungsprogramms. Die Übungen werden gezielt geübt und so lange wiederholt, bis absolute Sicherheit erlangt ist.
Die Einteilung in drei Schwerpunkte trifft nicht für jede(n) Einradfahrer(in) zu, einige lassen sich in solchen Kategorien nicht unterbringen. Die drei Bereiche sind nicht scharf abgegrenzt, es gibt fließende Übergänge. Auch wenn dein Schwerpunkt auf dem Einrad ein anderer ist oder du keinen Schwerpunkt hast, für das weitere Üben noch einige Tips:
Auch Spitzenkönner aus anderen Sportarten haben unter den Techniken ihrer Sportart Vorlieben und Abneigungen, bei Einradfahrern ist das nicht anders. Wenn du dich mit den fortgeschrittenen Techniken auseinandersetzt, wirst du feststellen, daß dir einige Techniken gut liegen, andere weniger. Daß das Springen mit dem Einrad ihnen nicht besonders liegt, haben schon viele festgestellt, andere sind davon ganz begeistert und machen mit dem Einrad kaum noch etwas anderes. Probiere also möglichst alle Techniken so weit aus, daß du sie einigermaßen kannst, und verlasse dich auf dein Gefühl, das dir sagt, «die Übung liegt mir und macht mir Spaß, diese weniger». Setze nach deinem Talent und deinen Vorlieben Übungsschwerpunkte, allerdings erst dann, wenn du dir einen Überblick verschafft hast. Dadurch, daß du bestimmte Techniken mehr und intensiver übst und dadurch, daß jeder Mensch einer bestimmten sportlichen Technik seinen Stempel aufdrückt, wirst du deinen eigenen Stil auf dem Einrad finden.

Pendeln mit einem Bein

Das Pendeln mit einem Bein ist der Einstieg in den Bereich der fortgeschrittenen Fahrtechnik, der auf dem Antrieb des Einrads nur über ein Pedal basiert.
Die technische Ausführung ähnelt der des Pendelns mit beiden Beinen (Seite 84, 85). Die Schwierigkeit liegt jedoch hier im dosierten Krafteinsatz mit nur einem Bein. Auch hier ist es wichtig, einen be-

stimmten Rhythmus für die Bewegung zu finden. Bei einem Rad mit 24″ Reifengröße oder größer kann die Übung anfangs für das aktive Bein sehr kraftraubend sein. Das nicht aktive Bein kann in verschiedenen Positionen in «Parkstellung» gebracht werden. Möglich ist das Abspreizen des Beins nach vorn, nach hinten oder zur Seite, das Beugen des Beins nach hinten, das Aufsetzen des Beins auf die Gabel oder das Überschlagen eines Beins über das andere. Eine gewisse Meisterschaft bei dieser Übung ist dann erreicht, wenn es gelingt, während des einbeinigen Pendelns die Position des freien Beins zügig ohne Beeinträchtigung der Pendelbewegung zu verändern.

Einbeiniges Pendeln mit verschiedenen Beinhaltungen

Die Übung wird erlernt durch einbeiniges Pendeln mit Festhalten an einem geeigneten Gegenstand. Im Laufe der Übungszeit wird versucht, die Unterstützung durch das Festhalten allmählich zu reduzieren. Für Anhänger des kompromißlosen Lernens besteht auch die Möglichkeit, ein Pedal zeitweise von der Tretkurbel abzuschrauben. Der Nachteil dieser Methode besteht allerdings darin, daß das freie Bein nicht «lernt», sich außerhalb des Gefahrenbereiches des (später wieder angeschraubten) anderen Pedals zu plazieren. Das einbeinige Pendeln soll abwechselnd beidseitig geübt werden.

Gehe die Übungsaufgaben zum beidbeinigen Pendeln jetzt beim einbeinigen Pendeln noch einmal durch (Seite 86).
Übe das einbeinige Pendeln mit verschiedenen Beinhaltungen des nicht aktiven Beins und verändere die Beinhaltungen während des Pendelns.

Aufsteigen

Wo beim Üben viel abgestiegen wird, muß auch viel aufgestiegen werden. Das ist eine gute Gelegenheit, sich selbst beispielsweise nur bestimmte Aufstiegstechniken zu gestatten oder sich andere, bereits gut gekonnte, für einen bestimmten Zeitraum zu verbieten. Wenn das Aufsteigen in ein anderes Übungsprogramm eingebaut wird, können bestimmte Aufstiege nebenbei eingeübt und verbessert werden. Das Nebenbei-Einüben von Aufstiegstechniken ist aber dann nicht sinnvoll, wenn eine Aufstiegstechnik neu geübt wird und wenn die Fehlerquote noch sehr hoch ist. Diese Aufstiegstechnik sollte dann den Übungsschwerpunkt des Trainings darstellen. Hier gehört deine *ganze Konzentration* nur dieser einen, neuen Technik. Erst wenn eine Aufstiegstechnik bei ungefähr einem Drittel bis zur Hälfte der Versuche gelingt, kann sie auch nebenbei weiter geübt und perfektioniert werden.

Aufsteigen von vorn

Beim Aufsteigen von vorn befindet sich das Rad hinter dir. Wird mit dem rechten Fuß aufgestiegen, so hält die linke Hand den Sattel von vorn zwischen den Beinen. Der rechte Fuß steht auf dem rechten Pedal, Tretkurbel und Pedal zeigen nach unten und zu dir (Foto links).

Aufsteigen von vorn: Ausgangsposition

Der linke Fuß steht gerade auf dem Boden. Durch einen kurzen, schnellen und kräftigen Abdruck mit dem linken Fuß wird Gewicht auf das rechte Pedal gebracht, das sich dadurch in Richtung unterem Umkehrpunkt bewegt (Foto rechts). Der linke Fuß wird nun schnell nach oben bewegt und fängt das linke Pedal in Höhe des oberen Umkehrpunktes auf (Foto rechts unten). Die Fahrt kann beginnen.
Bei dieser Übung wirst du zuerst wahrscheinlich etwas unelegant mit gebeugtem Kopf zwischen deinen leicht gespreizten Beinen nach hinten-unten schauen, um die richtige Pedalposition zu finden. Nach einiger Übung «spürt» dein Fuß jedoch die richtige Pedalstellung und du kannst die Übung erhobenen Hauptes ausführen.

Gehe nach dem Aufstieg von vorn zum Pendeln über.

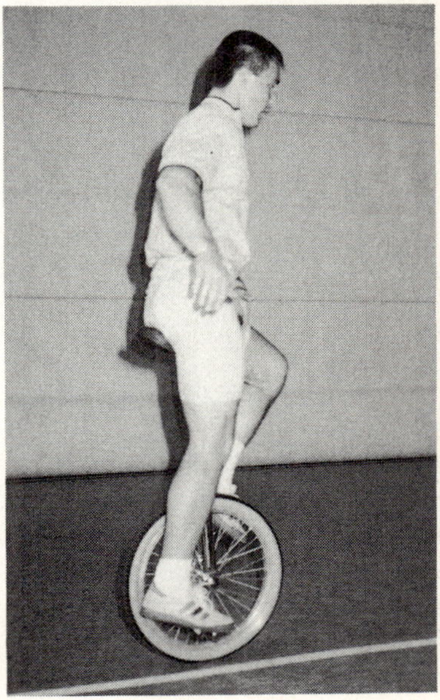

Aufsteigen von vorn

Aufsteigen von der Seite

Eine elegante Form, auf das Einrad zu kommen, ist der Aufstieg von der Seite. Optisch ähnelt er dem normalen Aufstieg auf ein Zweirad.
Wenn du von links aufsteigen willst, bringe das linke Pedal in die unterste Position und setze den linken Fuß auf dieses Pedal. Halte den Sattel mit beiden Händen, die linke Hand vorn. Die Gabel steht fast senkrecht. Der rechte Fuß steht schräg rechts neben dem Reifen (Foto unten links). Von dieser Ausgangsposition aus erfolgt ein kurzer und kräftiger Abdruck mit dem rechten Bein. Das rechte Bein wird gebeugt (oder – schwieriger – gestreckt) am Sattel vorbeigeschwungen.
Zur Erleichterung des Aufsitzens können Sattel und Gabel noch ein wenig in deine Richtung bewegt werden (Foto unten rechts).

Aufstieg von der Seite.
Das rechte Bein schwingt nach dem Abdruck hinter dem Sattel vorbei.

Der Trick besteht darin, in der labilen Phase kurz nach dem Beinabdruck zu verhindern, daß sich die Arme auf dem Sattel aufstützen und ihn so zur Seite drükken.

Gehe nach dem Aufstieg von der Seite zum Pendeln über.
Fahre nach dem Aufstieg von der Seite sofort vorwärts, ohne auch nur einmal zu pendeln.

Variante des seitlichen Aufstiegs: Das rechte Bein schwingt nach dem Abdruck *vor* dem Sattel vorbei.

Eine kleine Erweiterung des Aufstiegs. Das Bein wird nicht gebeugt über den Sattel geführt, sondern kurz gestreckt.

Fahre nach dem Aufstieg (Bein schwingt vorn am Sattel vorbei) sofort rückwärts, ohne auch nur einmal zu pendeln.
Bringe bei diesem Aufstieg das Schwungbein in vorderster Position kurz zur Streckung (Foto links). Das Bein kann bis in Kopfhöhe vorgeschwungen werden. Stretchingübungen vorher nicht vergessen.

Eine weitere Möglichkeit, von der Seite aufzusteigen: Du hältst den Sattel nicht mit beiden, sondern nur mit einer Hand vorn am Sattel fest. So hast du eine Hand frei, in der du beispielsweise Jonglierkeulen halten kannst.

Vor dem Aufstieg von der Seite wird mit dem Rad eine Drehung gemacht. Dabei drückst du dich mit dem rechten Bein so vom Boden ab, daß du erst eine Vierteldrehung (oder mehr) nur auf dem linken Pedal stehend ausführst (Foto links und unten links). Dabei mußt du alle Körperteile möglichst eng an die Drehachse (Längsachse) nehmen. Erst am Ende der Drehung (Foto unten), nicht während der Drehung, steigst du auf. Diese Übung ist ziemlich schwierig – aber möglich.

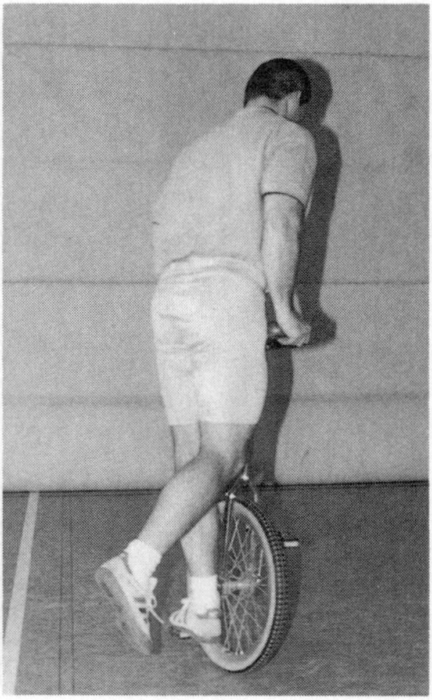

Aufsteigen mit einem Bein

Die Aufstiege von vorn, von hinten und von der Seite können auch einbeinig ausgeführt werden. Du mußt als Voraussetzung das einbeinige Pendeln sicher beherrschen.

Der *einbeinige Aufstieg von hinten* ist die leichteste von diesen Aufstiegstechniken. Du hast den Sattel zwischen den Beinen, das Rad steht schräg vor dir. Dein linker Fuß steht auf dem Boden, der rechte Fuß auf dem nach unten und zu dir zeigenden Pedal (Foto links). Nach einem kräftigen Abdruck mit dem linken Bein vom Boden beginnt das rechte Bein sofort mit dem Pendeln. Der sehr schnelle Beginn des Pendelns ist deshalb wichtig, weil erst das Pendeln die gewünschte Stabilität bringt. Gleichzeitig setzt du den linken Fuß auf die Gabel (Foto unten links), oder du bringst das nicht aktive linke Bein in eine andere Parkstellung.

Einbeiniger Aufstieg von hinten

Beim *einbeinigen Aufstieg von vorn* hast du den Sattel zwischen den Beinen, das Rad steht hinter dir, Tretkurbel und Pedal des rechten Beins zeigen nach unten und zu dir. Du mußt dich kräftig mit dem linken Bein nach oben abdrücken und sofort mit dem rechten Bein mit dem Pendeln beginnen. Die Schwierigkeit bei dieser Übung besteht zuerst darin, das Rad in die richtige Ausgangsposition zu bringen, ohne es sehen zu können. Möglicherweise wird das Rad, wenn es nicht richtig steht, extrem zu einer Seite fahren, so daß du nicht aufsteigen kannst. Deshalb wirst du vielleicht am Anfang einige Halsverrenkungen machen, um die Position des Rades zu überprüfen. Nach einiger Übungszeit wirst du das Gefühl für die richtige Pedalposition auch ohne Kopfverdrehung haben.

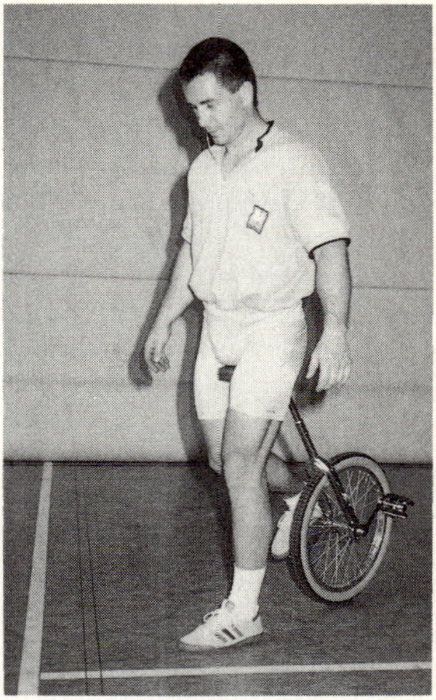

**Einbeiniger Aufstieg von vorn, Ausgangsposition.
Wenn du dich mit dem linken Fuß kräftig abgedrückt hast, beginne sofort mit dem Pendeln.**

Der *einbeinige Aufstieg von der Seite* wird wie das normale Aufsteigen von der Seite ausgeführt (siehe Seite 94), nur setzt der rechte Fuß anstatt auf dem Pedal auf der Gabel auf. Das linke Bein muß, nachdem der rechte Fuß den Boden verlassen hat, sofort mit dem einbeinigen Pendeln beginnen.

Gehe beim einbeinigen Aufsteigen zu verschiedenen Parkpositionen des nicht aktiven Beins über (siehe Seite 90/91).

Sprung-Aufstieg

Der Sprung-Aufstieg stellt technisch gesehen für fortgeschrittene Fahrer(innen) keine übergroßen Schwierigkeiten dar. Die Probleme bei dieser Technik liegen eher darin, den Mut für den Sprung zu fassen. Vor dem Sprung mußt du dich und das Rad in eine bestimmte *Ausgangsposition* bringen. Du solltest diese Aufstiegstechnik erst dann üben, wenn du zumindest einige kleine Sprünge mit dem Einrad machen kannst. Erst dann kennst du das Gefühl, beide Pedale bei einer Landung gleichmäßig zu belasten.

Du stehst hinter dem Rad, eine Hand hält den Sattel an der Vorderseite fest. Die Tretkurbeln stehen waagerecht, die Pedale ebenfalls. Die rechte Tretkurbel zeigt zu dir (Foto unten links). Aus dieser Position erfolgt der Absprung mit beiden Beinen, die Landung auf Pedalen und Sattel erfolgt von oben und nacheinander (Foto unten rechts).

Sprung-Aufstieg

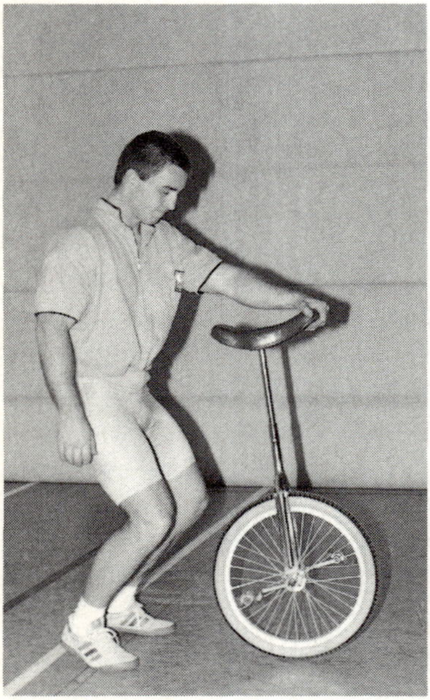

Zuerst landen die Füße gleichzeitig auf den Pedalen und fangen das Körpergewicht auf, erst kurz danach setzt das Gesäß auf dem Sattel auf. Eine Hilfe kann es anfangs sein, die Gabel etwas weiter zum eigenen Körper geneigt zu halten, so daß der Sprung zuerst etwas flacher und kürzer erfolgen kann. Insgesamt gesehen ist ein langsames Herantasten an Übungen, die mit einem Sprung verbunden sind, nicht möglich. Auch wenn du alles wie oben beschrieben gut vorbereitet hast, stehst du vor der Entscheidung, *jetzt* zu springen. Volle Konzentration auf die Bewegung, sicheres Beherrschen des beidbeinigen Pendelns und Übungseifer erleichtern dir die erfolgreiche Ausführung dieser tollen Übung, die sicher schon bald zu deinem technischen Standardrepertoire gehört.

Halte beim Sprung-Aufstieg den Sattel abwechselnd mit der linken und mit der rechten Hand fest.
Gehe nach dem Sprung-Aufstieg direkt zum Springen über, ohne auch nur einmal zu pendeln.

Sprung-Aufstieg auf das freistehende Rad

Wenn du den Sprung-Aufstieg sicher beherrschst, kannst du den Sprung-Aufstieg auf das freistehende Rad üben. Die Vorbereitung für diese Technik ist dieselbe wie beim Sprung-Aufstieg. Erst wenn das Rad genau aufrecht steht, läßt du das Rad los, das Rad steht nun einen kurzen Moment frei. Sofort nachdem du das Rad losgelassen hast, springst du auf. Ein auch nur kurzes Zögern läßt diesen Aufstieg in den meisten Fällen mißlingen.

Kick-up-Aufstieg

Bei allen bisherigen Aufstiegstechniken wurden die Hände benötigt. Beim Kick-up-Aufstieg wird das am Boden liegende Rad mit den Beinen aufgehoben. Dazu muß das Rad allerdings in einer bestimmten Position am Boden liegen. Das Rad liegt mit der rechten Seite nach oben am Boden, Gabel und Tretkurbel bilden ungefähr einen rechten Winkel. Du stellst deinen linken Fuß unter den Sattel. Der rechte Fuß tritt zwischen die rechte Tretkurbel und das Pedal, und du drückst mit deinem Körpergewicht das rechte Pedal in die Richtung, in die die Tretkurbel zeigt. (Diese wichtige Phase ist aus zwei verschiedenen Blickwinkeln gezeigt. Siehe Fotos unten und rechts.) Durch den Druck auf das Pedal verlagert sich dein Gewicht vom linken auf das rechte Bein. Dadurch richtet sich das Rad auf, der linke Fuß gibt dem Sattel einen Kick, der Sattel wird an deinen rechten inneren Oberschenkel gedrückt (Foto unten rechts). Du sitzt auf dem Sattel und führst das

Die Anfangsphase beim Kick-up-Aufstieg von der Seite gesehen

1

2

3

4

Kick-up-Aufstieg: Der gesamte Bewegungsablauf von vorn gesehen

Bein, das den Sattel hochgeführt hat, auf das linke Pedal (siehe Foto 4, Seite 103). Bei dem Kick handelt es sich jedoch nicht um ein kurzes, festes Zutreten, sondern um ein gefühlvolles Anheben und Mitführen des Sattels.

Die Technik erfordert als schwierige Übung ein wenig Geduld, an einem Tag wirst du sie wahrscheinlich nicht lernen können. Folgende Tips können das Lernen erleichtern:

- Beim Kick-up-Aufstieg kommt es immer wieder zur Berührung zwischen Tretkurbel und Fußknöchel. Wer diesen Aufstieg öfter hintereinander übt, sollte dabei knöchelhohe Sportschuhe tragen.
- Wenn es öfter passiert, daß sich der Sattel zwar wie gewünscht aufrichtet, aber dann vor deinem Körper vorbei mit Tempo wieder auf den Boden schlägt, hast du dein Gewicht wahrscheinlich zu weit nach vorn und nicht, wie es richtig ist, zur Seite in Verlängerung der Tretkurbel, gebracht.

Übe jeden Tag 100 Kick-up-Aufstiege. Zähle die Anzahl der erfolgreichen Versuche und steigere deine Erfolgsquote so lange, bis du konstant bei über 95 % liegst.
Steige hinter dem Rad ab. Bringe beim Abstieg das Rad möglichst unauffällig und ohne die Hände zu benutzen in die richtige Position für den nächsten Kick-up-Aufstieg. Übe Abstieg, Kick-up-Aufstieg, Abstieg usw. hintereinander, ohne dabei die Hände zu benutzen.

Springen

Das Springen mit dem Einrad ist eine tolle Sache, macht Spaß und ist sehr publikumswirksam. Das sind die Vorteile dieser Technik. Wenn du jedoch kein stabiles Einrad besitzt oder eher ein Schwergewicht bist, können durch das Springen auch Teile an deinem Einrad kaputtgehen. Mit dem Springen gehst du manchmal auch ein erhöhtes Verletzungsrisiko ein. Das sind die Nachteile dieser Technik.

Springen auf der Stelle

Dazu wird die Fahrt verlangsamt, die Tretkurbeln werden in eine waagerechte Position gebracht. Bei richtig eingestellter Sattelhöhe sind nun beide Beine leicht gebeugt. Durch gleichzeitigen, schnellkräftigen Abdruck mit den Füßen auf beiden Pedalen hüpft der Körper in die Höhe. Die Schwierigkeit besteht darin, sich gleichmäßig und gleichzeitig von den Pedalen abzudrücken, so daß der Sprung genau nach oben erfolgt und man ohne Schräglage nach dem Sprung landen kann. Anfangs gelingt das meist noch nicht gut, die ersten Sprungversuche gehen meist nicht genau nach oben und damit kann auch nicht weitergesprungen werden. Durch diese Phase mußt du durch, ein wichtiger Fortschritt ist dann erreicht, wenn du zwei Sprünge hintereinander geschafft hast, dann weißt du, daß der erste Sprung richtig war.

Springen mit dem Einrad

Damit nicht nur der Körper hochhüpft und die einzige Folge dieser Übung eine unsanfte Landung auf dem Sattel ist, muß das Einrad mit in die Höhe genommen werden. Dies kann durch Festhalten am Sattel geschehen. Beispielsweise können beide Hände den Sattel vorn und hinten festhalten. Eine etwas elegantere Variante ist das Festhalten mit nur einer Hand (siehe Foto S. 105). Beide Hände sind frei, wenn es gelingt, das Einrad nur durch kräftigen, seitlichen Schenkeldruck auf den Sattel mithüpfen zu lassen. Dieses Klemmen des Sattels fällt um so leichter, je breiter der Sattel ist. Das Klemmen des Sattels ist meist jedoch keine Dauerlösung, früher oder später rutscht das Rad doch ein wenig ab.

Die richtige Verbindung zwischen Fahrer und Einrad. Der Gurt geht unter dem Sattel hinten an der Sattelstütze vorbei und um die Hüften.

Ein günstiges Hilfsmittel für länger andauerndes Springen sind Gurt, Band oder Strick, die deine Hüften mit dem Sattel verbinden (Foto links). Die Verbindung Hüfte–Sattel sollte auf keinen Fall elastische Eigenschaften haben, sonst schnellt dir der Einradsattel bei jedem Hüpfer mit einer kleinen Zeitverzögerung in den Schritt. Vor einer festen Verbindung zwischen Einrad und Hüfte brauchst du keine Angst zu haben. Sie ist die beste Lösung und bereitet dir auch beim Straucheln keine Probleme, da durch den Abstieg die Spannung eines solchen Gurtes nachläßt und du somit nicht am Rad festgezurrt bist.
Wenn du beim Springen nicht traumwandlerisch sicher bist, solltest du es vermeiden, die Füße durch irgendwelche Vorrichtungen mit den Pedalen fest zu verbinden.

Springe nach verschieden schnellen Musikrhythmen und passe das Springen an das Tempo der Musik an.
Springe auf der Stelle und halte das Rad mit der rechten Hand dabei fest. Halte das Rad bei der gleichen Übung mit der linken Hand bzw. mit beiden Händen am Sattel fest.
Springe mehrmals auf der Stelle (linkes Pedal vorn), fahre danach eine halbe Tretkurbelumdrehung vorwärts, springe wieder (rechtes Pedal ist nun vorn) mehrmals, fahre eine halbe Tretkurbelumdrehung usw. Die schwierigste Variante dieser Übung ist: ein Sprung, halbe Tretkurbelumdrehung, ein Sprung, halbe Tretkurbelumdrehung usw. Übe vorwärts und rückwärts.
Springe mit dem Einrad vorwärts, rückwärts und zur Seite.

Springen mit Drehungen

Wenn eine gewisse Sicherheit beim Springen erlangt ist, solltest du versuchen, beim Springen zuerst kleine, später größere Richtungsänderungen zu machen. Dazu mußt du dich sehr stark vom Boden abdrücken, denn für die Richtungsänderung brauchst du eine gewisse ‹Flughöhe›. Nach einiger Übung wird es dir gelingen, 90-Grad-Drehungen (Vierteldrehungen) zu schaffen. Alles was über die Vierteldrehung hinausgeht, also halbe, drei Viertel oder sogar ganze Drehungen, steigt im Schwierigkeitsgrad rapide an.

Reihe Vierteldrehungen in eine Richtung aneinander.
Reihe Vierteldrehungen in verschiedene Richtungen aneinander.
Mache zwei ganze Drehungen mit einer möglichst geringen Zahl an Bodenberührungen.
Versuche, bei fünf ganzen Drehungen so wenig Bodenkontakte wie möglich zu haben.

Seilspringen

Seilspringen auf dem Einrad ist nicht nur schwierig, sondern auch noch anstrengend, es verbindet besonders gut die Aspekte der Koordination und die der Kondition. Nicht zuletzt aus diesem Grund ist diese Übung, vor Publikum ausgeführt, zumeist ein voller Erfolg. Beim Seilspringen mit dem Einrad werden zwei Bewegungen kombiniert. Es lernt sich leichter, wenn du die zu kombinierenden Bewegungen (freihändiges Springen mit dem Einrad und Seilspringen) schon vorher als Einzelteile kannst.
Halte auf dem Rad das Seil in beiden Händen hinter dem Körper. Springe in dieser Haltung auf der Stelle, aber nur so hoch, daß du gerade das Gleichgewicht hältst. Schwinge das Seil über den Kopf nach vorn und springe so stark ab, daß das Seil unter dem Rad durchschwingt. Führe dabei die Hände weit nach unten und ein wenig nach außen, damit das Seil auch genügend Platz hat, um an den Pedalen vorbeizukommen.

Das Hauptproblem dürfte der richtige Zeitpunkt des ersten Sprungs sein. An dieser Stelle werden beim Üben sicher viele, viele Versuche notwendig sein. Auch wenn es zuerst nicht klappt, bedenke, jeder Versuch bringt dich näher ans Ziel, nicht umsonst wird behauptet, daß man aus Fehlern lernen kann. Nachdem du das erste Mal über das Seil gesprungen bist, hast du es schon fast geschafft. Wenn der erste Sprung gelungen ist, ist es nicht mehr weit, bis der endgültige Rhythmus beim Springen gefunden ist.

Seilspringen mit dem Einrad, der Hüftgurt schafft eine gute Verbindung.

Wenn du das normale Seilspringen (ein Sprung – ein Seildurchschlag) kannst, versuche andere Techniken, wie beispielsweise Seilspringen mit einem oder mehreren Zwischenhüpfern, rückwärts, mit gekreuzten Armen oder, für Spitzenkönner, den Doppeldurchschlag (einmal hochspringen und dabei das Seil blitzschnell zweimal hintereinander durchschwingen).

Mache 5, 10, 15, 20 und mehr Seilsprünge mit dem Einrad hintereinander.
Wechsle beim Seilspringen das Tempo. Springe sehr schnell, sehr langsam, mit und ohne Zwischenhüpfer usw.
Drehe dich beim Seilspringen (langsam) um die Längsachse.
Variiere das Seilspringen durch Kreuzen der Arme, durch Rückwärtsschwingen des Seils usw.

Treppenspringen

Das Treppenspringen ist eine rasante, aber auch nicht ungefährliche Technik. Diese Technik erlaubt es dir, Hindernisse zu überwinden, die ansonsten mit dem Einrad nicht oder nur schlecht ‹befahrbar› sind.
Du solltest diese Technik nur dann üben, wenn du das normale Springen und das Springen mit Drehungen sicher beherrschst. Bevor du dich an richtige Treppen wagst, wird das Hoch- und Runterspringen erst einmal an einer Stufe, am besten an einer Bordsteinkante, geübt. Übe zuerst an einer kleinen Bordsteinkante in der Nähe einer Einfahrt. Du fährst nah an die Bordsteinkante heran, Reifen und Hindernis stehen parallel. Beginne zuerst etwas auf der Stelle zu springen, bevor du den entscheidenden Sprung nach oben wagst. Stellt der Sprung nach oben nach einiger Übungszeit keine Schwierigkeit mehr für dich dar, übst du ständiges, rhythmisches Hoch- und Runterspringen. Wenn du Sicherheit beim Springen auch an höheren Bordsteinkanten erlangt hast, versuchst du, dein an einer Stufe erworbenes Können an einer richtigen Treppe auszuprobieren.

Als gute Übungstreppe eignet sich eine nicht steile, breite (Stein-) Treppe. Die Stufen sollten anfangs so viel Platz bieten, daß du auf ihnen notfalls noch pendeln oder aufsteigen kannst. Stecke dir beim Treppenspringen realistische Ziele, die du ohne Sturz erreichen kannst. Es ist besser, kein unnötiges Risiko einzugehen. Gehe also zur nächsten Übung erst dann über, wenn du dich sehr sicher fühlst. Beginne die Übungen jeweils auf der *untersten Stufe* einer Treppe.

Bereite das Treppenspringen durch Rauf- und Runterspringen an einer Bordsteinkante vor.
Springe 3, 5, 10 oder mehr Stufen hoch. Mache auf einer Stufe jeweils mehrere Bodenkontakte. Beende jede Übung möglichst kontrolliert durch Absteigen.
Springe 3, 5, 10 oder mehr Stufen hoch. Mache auf einer Stufe jeweils nur einen Bodenkontakt. Beende die Übungen durch kontrolliertes Absteigen.
Springe 1, 3, 5, 10 oder mehr Stufen runter. Steigere die Anzahl der Stufen nur, wenn du wirklich sicher bist. Mache auf einer Stufe jeweils mehrere Bodenkontakte. Beende jede Übung kontrolliert durch Absteigen.
Springe 1, 3, 5, 10 oder mehr Stufen runter. Steigere die Anzahl der Stufen nur, wenn du wirklich sicher bist. Mache auf einer Stufe jeweils nur einen Bodenkontakt. Beende die Übungen durch kontrolliertes Absteigen.

Kombiniere das Hoch- und Runterspringen erst, wenn du eine größere Anzahl von Stufen absolut sicher hoch- bzw. runterspringen kannst.
Treppen lassen sich aufwärts nur springend überwinden. Abwärts ist nicht nur Springen, sondern auch ein Befahren von Treppen möglich, allerdings eine sehr gefährliche Übung.

Eine schwer zu schlagende Leistung in dieser Kategorie dürfte ein französischer Einradfahrer im Jahr 1971 aufgestellt haben, der die ca. 1700 Treppen des Eiffelturms in Paris hinabfuhr. Dabei soll er weder abgestiegen sein, noch soll er sich auch nur einmal am Geländer festgehalten haben (Wiley 1984, S. 186).

Extrem schwierig ist es, Treppenspringen und Seilspringen so zu verbinden, wie Gerd Waree es zeigt. Aber Vorsicht beim Nachahmen!
Was hier gekonnt und einfach aussieht, ist sehr gefährlich und erfordert jahrelanges Üben unter professionellen Bedingungen.

Kleine Kunststücke

Fahren mit einem Bein

Fahren mit nur einem (tretenden) Bein ist eine schwierige und verblüffende Technik. Wenn du diese Technik gut lernen willst, mußt du einige Übungswochen täglichen Trainings investieren.
Bei deinen ersten Fahrversuchen solltest du Nachhilfestunden nehmen: Du kannst deinen Lernerfolg beschleunigen, wenn du wieder wie am Anfang übst, mit zwei Helfern. Auch wenn du mittlerweile ein wirklich guter Fahrer bist, schäme dich nicht, wieder mit zwei Helfern zu üben, das sind Übungen, die sich lohnen.

Diese Übung ist am Anfang für das Lernen des einbeinigen Fahrens eine gute Hilfe.

Dadurch, daß dein Gleichgewichts- und das Antriebsproblem erst einmal durch die Hilfe verringert ist, kannst du dich auf eine rhythmische Beinbewegung konzentrieren: Pedal stärker, jedoch nicht zu stark runtertreten, Kontrolle, aber keine starke Bremsbewegung beim aufsteigenden Pedal. Das nicht beteiligte Bein wird zur Stabilisierung auf der Gabel in Parkstellung gebracht. Nach einigen solchen Nachhilfestunden kannst du frustrationsfrei allein einbeinig fahren üben, denn du schaffst nun zumindest einige Umdrehungen.

Wenn du allein das einbeinige Fahren übst, ist es ratsam, bevor du ein Bein vom Pedal nimmst, mit einem ruhigen, regelmäßigen und runden Tritt anzufahren, aber die letzten Tretkurbelumdrehungen vor Wegnahme eines Beins vom Pedal schon mit einem etwas stärkeren Runtertreten des Pedals auf das einbeinige Fahren überzuleiten. Vergleicht man die Position der Tretkurbel und des Pedals mit dem Zeiger einer Uhr, dann wird der eine – inaktive – Fuß in dem Moment vom Pedal genommen, wenn die Tretkurbel mit dem tretenden Fuß die Stellung kurz nach ein Uhr erreicht hat. Dein Tempo sollte dabei nicht zu langsam sein.

Fahren mit einem Bein

Wenn das tretende Bein diese Position erreicht hat, wird der andere Fuß vom Pedal gelöst.
Der Pfeil zeigt die Fahrtrichtung an.

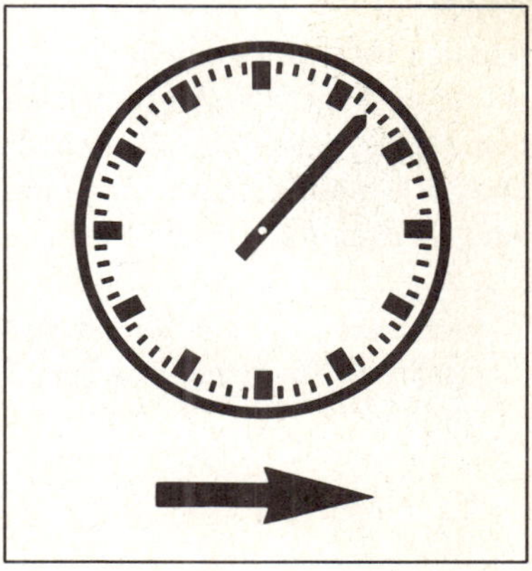

Zuerst werden dir nur wenige Umdrehungen gelingen, und wenn du fährst, wird das Rad wahrscheinlich eine leichte Kurve in Richtung der Anstriebsseite fahren. In dieser Lernphase werden dir wahrscheinlich auch folgende Probleme zu schaffen machen:

- Dein Gleichgewicht bricht beim einbeinigen Treten zusammen.
- Dein Gleichgewicht bleibt erhalten, du bleibst aber einfach stehen, da der Antrieb nicht ausreicht.

Eine Hilfe kann es sein, auf einer leicht abschüssigen Strecke zu fahren, das Antriebsproblem wird dadurch etwas verringert.
Mit zunehmender Übung wirst du immer längere Strecken zurücklegen können. Wenn du diese Sicherheit erreicht hast, kannst du versuchen, verschiedene Übungsaufgaben zu lösen:

Fahre Slalom um kleine Hindernisse.
Fahre so langsam wie möglich.
Fahre zuerst größere, später kleinere Kreise nach rechts bzw. nach links.
Starte das einbeinige Fahren aus dem einbeinigen Pendeln.
Fahre eine Acht. Das Ziel ist es, die Größe dieser Figur immer weiter zu verringern, bis am Ende eine kleinstmögliche Acht gefahren wird.

Ähnlich wie beim einbeinigen Pendeln kann das nichttretende Bein bei dieser Fahrtechnik in verschiedene Parkpositionen gebracht werden. Das ist beim Fahren erheblich schwieriger als beim Pendeln. Die nächste Übungsaufgabe kann man, je nachdem, als Herausforderung oder als Zumutung betrachten.

Verändere während des einbeinigen Fahrens die Position des nichttretenden Beins (siehe Seite 90/91).

Einradfahren, ohne auf dem Sattel zu sitzen

Bei diesen Fahrtechniken wird dein Körpergewicht nicht mehr hauptsächlich auf dem Sattel lasten, sondern auf den Pedalen.
Die Veränderung wirst du beim Fahren besonders in den Beinmuskeln spüren.
Die Übungen «im Stehen» beanspruchen und trainieren in wesentlich stärkerem Maß die Beinmuskulatur als die Übungen im Sitzen. Mit diesen Fahrtechniken kannst du aber auch dann auf dem Einrad fahren, wenn du Sitzprobleme hast.

Beim Erlernen der Techniken wirst du oft absteigen müssen. Du vermeidest Verletzungen, wenn du beim Abstieg eine Grätsche machst.

Sattel vor dem Körper

Die größte Schwierigkeit besteht anfangs darin, in die Ausgangsposition für diese Fahrtechnik zu kommen und den bei jeder Pedalbewegung stark schwankenden Sattel mit der Hand ruhig zu halten.
Die Ausgangsposition sieht folgendermaßen aus: beide Beine auf den Pedalen, eine Hand hält den Sattel fest.
Mehrere Wege, in die Position zu kommen, stehen dabei zur Auswahl:

1. Halte das Rad mit der geschickteren Hand am Sattel vor dem Körper. Stütze dich mit der anderen Hand an einem geeigneten Gegenstand ab und steige auf.

2. Aus normaler Vorwärtsfahrt ziehst du den Sattel nach vorn. Warte, bis die Tretkurbeln in waagerechter Position sind, stehe kurz auf und ziehe den Sattel nach vorn.

3. Freier Aufstieg: Das Rad steht vor dir, das rechte Pedal befindet sich in der untersten Position. Deine rechte Hand greift nach rechts an den Sattel. Setze den rechten Fuß auf das rechte Pedal (Foto links). Drücke dich mit dem linken Fuß vom Boden ab und setze den linken Fuß auf das linke Pedal (Foto unten links). In diesem Moment neigt sich das Rad stark in Richtung des belasteten Pedals, also nach rechts. Damit das Rad gerade stehenbleibt, mußt du mit der rechten Hand gegendrücken. Der linke Fuß wird auf das linke Pedal gesetzt, und die Fahrt kann beginnen.

Wenn du in die Ausgangsposition gekommen bist, wirst du zuerst das Vorwärtsfahren lernen. Dabei kannst du nach der bekannten Methode mit einem Helfer vorgehen. Der Helfer hält dich an der freien Hand fest und stützt dich. Bei der Lonely-Hearts-Methode kannst du versuchen, dich an einer festen Stütze (Wand, Mauer, Zaun) entlangzutasten, wenn du ganz auf eine Stütze verzichten willst oder mußt, wirst du anfangs nur wenige Umdrehungen schaffen. Je öfter du unverbissen übst, um so eher und besser wirst du auch diese Technik beherrschen.

Sattel vor dem Körper – freier Aufstieg

Fahre mit der rechten Hand am Sattel, mit der linken Hand, mit beiden Händen, wenn du sicher fahren kannst, wechsle die Hand während der Fahrt.
Übe Aufsteigen und Pendeln in allen möglichen Variationen: abwechselnd rechtes oder linkes Pedal in der unteren Position, rechte, linke Hand, beide Hände am Sattel.
Fahre Schlangenlinien, Kurven, Slalom und Drehungen.
Fahre rückwärts mit dem Sattel vor dem Körper (Foto unten), fahre Schlangenlinien, Slalom, Kurven und Drehungen.
Bringe die Tretkurbeln in waagerechte Stellung und springe, ohne auf dem Einrad zu sitzen.

Sattel vor dem Körper – rückwärts fahren

Fahren mit der Brust auf dem Sattel

Oberkörper (Brust) auf dem Sattel

Bei dieser Fahrtechnik halten die Hände den Sattel nicht mehr fest. Dabei sollte ein großer Teil des Körpergewichts über die Brust auf den Sattel gebracht werden, um das schwankende Einrad ruhig zu halten.

Fahre mit der Brust auf dem Sattel und verändere während der Fahrt die Armhaltungen. (Sattel umarmen, Hände ins Genick, Hände auf die Knie u. ä.)
Pendle mit der Brust auf dem Sattel.

Sattel hinter dem Körper

Bei dieser Fahrtechnik wird der Sattel mit der Hand hinter dem Körper gehalten, das Körpergewicht ruht auf den Pedalen. Diese Fahrtechnik ist nicht sehr schwierig, vorausgesetzt, du kannst mit dem Sattel vor dem Körper fahren. Die Lernschritte und die Übungsaufgaben entsprechen denen, die beim Einüben des Fahrens mit dem Sattel vor dem Körper gemacht wurden (Seite 115ff).

Fahren mit dem Sattel hinter dem Körper

Pirouette

Wenn du kleine Kreise fahren kannst und schnelle Drehungen beherrschst, ist es Zeit, daß du dich an die Pirouette heranwagst. Bei der Pirouette drehst du dich auf dem Einrad um die Körperlängsachse.
Mehrere Möglichkeiten, eine Pirouette zu fahren, stehen zur Auswahl. Grundsätzlich kannst du diese Technik *mit oder ohne Pedalaktion* (Treten) ausführen.
Eine Möglichkeit besteht darin, kleine und immer kleinere Kreise zu fahren, am Ende wird (fast) nur noch auf der Stelle gefahren, Einrad und Fahrer(in) drehen sich um die Längsachse. Die Übung ist einerseits anstrengend, andererseits verlierst du nach den vielen Drehungen schnell den Überblick und mußt unbedingt vor den nächsten Versuchen eine Pause machen.

> Fahre Kreise mit einem möglichst geringen Durchmesser.
> Der Durchmesser sollte kleiner als 1 Meter sein.

Eine andere Möglichkeit ist die Pirouette *ohne* Pedalaktion. Wenn du diese Pirouette nach links machen willst, verlangsamst du die Fahrt, bis das rechte Pedal vorn ist. Das rechte Pedal soll bei einer Linkspirouette deshalb vorn sein, damit die Pirouette auch wirklich ohne Pedalaktion ausgeführt wird. Würde das linke Pedal vorn sein, wäre die Versuchung, es zur Unterstützung der Pirouette runterzutreten, zu groß.
Hole nun mit beiden Armen so weit wie möglich in die Gegenrichtung, also nach rechts, aus (Foto Seite 120 links). Sofort danach drehst du deinen Oberkörper nach links. Dieser Schwung soll sich auf den unteren Teil des Körpers übertragen, so daß du dich mit dem Rad auf der Stelle drehst (Foto Seite 120 rechts). Die Pedale werden bei dieser Übung nicht oder nur möglichst wenig bewegt. Die Reifenspuren geben über die Qualität der Pirouette Auskunft. Im Idealfall drehst du dich auf einer sehr kleinen Fläche, die ungefähr so groß wie ein Fünfmarkstück ist. Ein stark aufgepumpter Reifen und ein glatter Boden erleichtern die Übung, da die Reibungskräfte zwischen Reifen und Untergrund dann verkleinert werden.

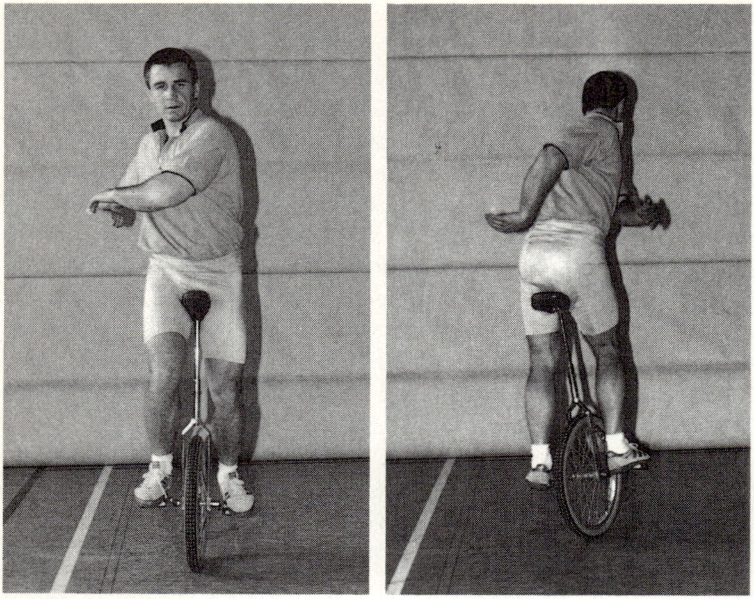

Pirouette ohne Pedalaktion:
Ausholen in Gegenrichtung und drehen

Mache mit einer Pirouette ohne Pedalaktion eine Vierteldrehung oder drehe dich noch weiter.
Fahre mehrere Pirouetten ohne Pedalaktion hintereinander. Mache Ausholbewegung, Pirouette, Ausholbewegung, Pirouette usw. sooft wie möglich, ohne zwischendurch neu anzufahren oder abzusteigen.

Eine weitere Möglichkeit ist es, eine *gemischte* Pirouette zu zeigen. Bei den einleitenden Drehungen agierst du mit Pedalaktion, indem du kleine Kreise fährst, in dieser Phase holst du den Schwung für die anschließende Pirouette ohne Pedalaktion.

Wheel-walking (Auf dem Rad laufen)

Wheel-walking ist Einradfahren ohne Antrieb über die Pedale, durch Wheel-walking machst du aus deinem Einrad ein Laufrad. Wenn du diese Technik gut beherrschst, kannst du dich zu Recht als Mitglied eines nicht allzu großen Kreises von Könnern auf dem Einrad zählen.

Da du das Rad bei dieser Technik durch den Kontakt Schuhsohle–Reifen antreibst, ähneln deine Beinbewegungen dem Rückwärtslaufen: Füße nacheinander auf dem Mantel möglichst nah an der Gabel aufsetzen und nach vorn bewegen. Das Bein wird bis zur Streckung nach vorn geführt. Während der eine Fuß durch diese Bewegung das Einrad nach vorn antreibt, wird der andere Fuß zur Gabel zurückgenommen. Das Körpergewicht bleibt auf dem Sattel. Schuhsohle und Reifen sollten griffig, also weder abgelaufen noch abgefahren, sein.

Wheel-walking lernst du anfangs am besten da, wo du dich an zwei Seiten festhalten kannst, in einem engen Flur, zwischen zwei Zäunen o. ä. Nicht ganz so bequem ist das Lernen mit nur einer Festhaltemöglichkeit auf einer Seite. Wenn du Wheel-walking mit zwei Helfern lernen willst, sollten sich die Helfer viel Zeit mitbringen.

Um das Wheel-walking zu lernen, benötigst du sehr viele Versuche, die Technik gelingt meist erst nach einer Übungszeit, die du am besten in Wochen und Monaten zählst. Denke auch bei den frustrierenden Anfangsmißerfolgen daran: Beharrlichkeit führt zum Ziel, jede Übungsminute bringt dich wieder ein Stück weiter.

So lernt man Wheel-walking in der Anfangsphase: Unterstützung auf beiden Seiten

Wheel-walking

Nach einiger Zeit ist es dann soweit: Du wirst die ersten Meter ohne Unterstützung auf dem Rad laufen können. In dieser Phase können dir folgende *Tips* helfen:

- Wheel-walking ist ein möglichst langes Führen des Rades mit dem jeweils aktiven Fuß. Der aktive Fuß setzt am besten mit dem vorderen Teil auf dem Reifen auf, und er wird bis zur Ferse abgerollt. Ein kurzes, heftiges Abdrücken mit dem Fuß am Reifen bringt keine Kontrolle.
- Laufe nicht zu schnell. Läufst du sehr schnell, bist du schneller als das Rad, bist damit vor dem Rad (Vorlage) und mußt immer schneller laufen, damit das Rad überhaupt hinterherkommt. Schon nach wenigen Metern kannst du aber nicht mehr schneller laufen und mußt absteigen. Wenn du so absteigst, machst du einen (problemlosen) Abgang nach vorn und kannst das Rad meistens hinter dir festhalten.
- Laufe langsam, aber nicht zu langsam. Langsamer laufen heißt zwar kontrollierter laufen, wirst du allerdings zu langsam, wird das Rad instabiler und kippt leichter zur Seite um. Läufst du langsam, dann bist du langsamer als das Rad und damit etwas hinter dem Rad (Rücklage), und das Laufen ähnelt mehr einer Bremsbewegung des schnelleren Rades. Bei einem Sturz aus leichter Rücklage fliegt das Rad nach vorn und du nach hinten. Das Rad kann bei einem solchen Sturz ziemlich weit nach vorn geschleudert werden. Der Fahrer landet zwar meistens auf den Beinen, kann im allerschlechtesten Fall aber auch auf dem Hintern liegen.

Die Kunst beim Wheel-walking ist, das richtige Tempo zu finden. Dabei darfst du nicht zu stark in Vorlage oder in Rücklage geraten. In der Tendenz führt allerdings eine *ganz leichte Rücklage* zum kontrollierten Wheel-walking. Wenn es gelingt, vom schnellen Laufen wieder etwas langsamer zu werden, ist schon eine gute Kontrolle beim Wheel-walking erreicht.

Halte dich an einem geeigneten Gegenstand fest, nimm die Beine von den Pedalen und setze sie auf den Reifen. Starte das Wheel-walking aus dieser Position.
Starte das Wheel-walking aus dem Pendeln und aus dem einbeinigen Pendeln.
Laufe abwechselnd langsam und schnell.
Laufe mit dem Rad Rechtskurven, Linkskurven, Slalom usw.

Das Rad gleiten lassen

Das Wheel-walking ist kein Rollern auf dem Reifen, die Füße *führen* das Rad eher etwas bremsend. Wenn du über 20 m hintereinander laufen kannst, wirst du merken, daß der Reifen hin und wieder einige Zentimeter an deiner Schuhsohle bremsend entlangrutscht. Auch so kannst du Kontrolle über das Rad gewinnen.

Während das Wheel-walking ein abwechselndes bremsendes Führen des Reifens ist, ist das notwendige Abbremsen des Rads auch kontinuierlich möglich. Das Abbremsen wird dadurch erreicht, daß der Reifen ständig an der Schuhsohle schleift. Dieses Gleiten des Reifens an der Schuhsohle gehört mit zu den schwierigsten Übungen auf dem Einrad. Wird die gefühlvolle Dauerbremsung des Rads aufgegeben, kann das Rad ziemlich weit nach vorn fliegen. Wenn du das Rad ca. einen halben Meter gleiten lassen kannst, bist du schon sehr gut, alles was darüber hinaus geht, zeichnet dich als absolute(n) Top-Einradfahrer(in) aus. Du bist fast perfekt. Aber eben nur fast.

Beschleunige das Rad durch Wheel-walking und bremse gefühlvoll ab, indem du die Schuhsohle am Reifen rutschen läßt.
Gehe aus dem Wheel-walking zum Gleiten-Lassen über. Dosiere beim Gleiten-Lassen so, daß du längere Strecken mit dieser Technik zurücklegen kannst.

Spezialtechniken auf dem Einrad

Wer die in diesem Buch beschriebenen Techniken mit beiden Seiten sicher beherrscht, ist ein exzellenter Einradfahrer oder eine exzellente Einradfahrerin. Natürlich gibt es noch andere Fahrtechniken auf dem Einrad. Viele dieser Superschwierigkeiten auf dem Einrad lassen sich aber meist nicht in für Amateure vertretbaren Zeiträumen erlernen, sie bleiben überwiegend einer Handvoll von Artisten oder professionellen Einradfahrern vorbehalten. Wer es aber trotzdem versuchen will, bekommt hier einige Anregungen:

- ❑ Rückwärts fahren mit einem Bein, dazu Wechseln der Position des nichttretenden Beins.
- ❑ Sprung-Aufstieg auf das hinter dem Körper stehende Rad.
- ❑ Wheel-walking rückwärts.
- ❑ Wheel-walking seitwärts. Beide Hände am Sattel, jeweils ein Fuß links und rechts von der Gabel.
- ❑ Wheel-walking mit dem Sattel vor oder hinter dem Körper.
- ❑ Wheel-walking mit nur einem Bein oder gar mit den Händen.
- ❑ Nach Schwungholen durch einbeiniges Fahren dieses eine – tretende – Bein auch noch vom Pedal nehmen und auf die Gabel setzen, so daß das Rad frei fährt.
- ❑ Den Sattel in einer Hand oder in beiden Händen halten, auf nur einem Pedal stehen und fahren.
- ❑ Mit dem Sattel hinter dem Körper anfahren. Den Sattel loslassen, so daß er am Boden schleift, während weitergefahren wird.
- ❑ Beim Fahren mit dem Sattel vor dem Körper in waagerechter Tretkurbelposition verharren, von beiden Pedalen gleichzeitig in die Höhe springen und das Rad, während man in der Luft ist, blitzschnell mit der Hand am Sattel unter sich drehen, um dann wieder sicher auf den Pedalen zu landen.
- ❑ Treppen rückwärts hinunterfahren.
- ❑ Die ohnehin schon nicht einfachen Pirouetten lassen sich im Schwierigkeitsgrad weiter steigern, wenn sie rückwärts angefahren und ausgeführt werden.

Den Spaß teilen – Einradfahren mit anderen

Einradfahren ist nicht ausschließlich ein Sport für Individualisten. Einige Formen der Geselligkeit sind auch beim Einradfahren möglich – und machen Spaß. Die meisten gemeinsamen Aktivitäten beinhalten den Gedanken der Zusammenarbeit und weniger den Gedanken der sportlichen Auseinandersetzung. Bei einigen Wettspielen, wo es auch einmal gegeneinander gehen kann, muß aber auch der etwas Schwächere eine Chance bekommen, die Regeln lassen sich entsprechend einrichten. Einradfahrer sollen sich beim Spielen nicht in Gewinner und Verlierer aufteilen, Spaß können alle nur haben, wenn beim Spielen jeder gewinnen kann.

Gemeinsam fahren

Beim gemeinsamen Fahren lassen sich grundsätzlich zwei verschiedene Vorgehensweisen unterscheiden, nämlich Fahren mit und ohne Körperkontakt.
Beim Fahren *mit Körperkontakt* kann der Partner oder die Partnerin durch Arm- oder Handhaltung gestützt werden. Das Erlernen verschiedener Fahrtechniken (vorwärts, rückwärts, Kreise fahren) läßt sich durch die Partnerunterstützung erleichtern. Akrobatisches Fahren mit einem/einer Partner(in) auf den Schultern erfordert eine supersichere Fahrtechnik, ein stabiles Rad und ein Leichtgewicht als Partner(in).

Zu zweit geht's manchmal besser: Kreise fahren

Ein schöner Spaß kann die Übung «*Schubkarre*» sein. Dabei liegt der Fahrer oder die Fahrerin bäuchlings auf dem Sattel und dreht die Pedale mit den Händen vorwärts. Die Lage des Fahrers wird durch eine 90-Grad-Drehung des Sattels entscheidend verbessert. Im Anfangsstadium benötigt man ca. vier Personen, die die Schubkarre stabilisieren, zwei an der Seite in Sattelhöhe und zwei an den Beinen. Es kann bei dieser Übung nützlich sein, den Sattel zusätzlich zu polstern. Wenn es anfangs trotzdem nicht richtig klappt, können folgende Tips helfen: Sattel niedriger stellen oder den Körper durch Muskelspannung so steif wie möglich machen.
Bis es gelingt, die Übung mit nur zwei an den Beinen schiebenden Personen (oder gar nur einer Person, die kann auch noch auf dem Einrad sitzen) hinzukriegen, muß schon ein Weilchen geübt werden. Ein kaum zu erreichender Höhepunkt sportlicher Darbietungen ist die freie Schubkarre, ohne jegliche Hilfe. Wer das kann, kann sich schon Gedanken über die Honorarforderungen beim nächsten Auftritt machen.

Beim Fahren *ohne Körperkontakt* können folgende Übungen durchgeführt werden:

Wettfahrt: Eine festgelegte Strecke muß so schnell wie möglich durchfahren werden. Der Einrad-Rekord über 100 m liegt bei 14,89 sek (Kümmel, H.-H. 1990, S. 218).

Schattenfahren: Ein Fahrer fährt vor, die Verfolger müssen in einem festgelegten Abstand alles möglichst genau nachmachen. Nach einer bestimmten Zeit oder bei Bodenberührung des Vorfahrers übernimmt ein anderer Fahrer die Rolle des Vorfahrers.

Spiegelbild: Zwei Fahrer stehen sich gegenüber. Die Übungen des einen Fahrers müssen von der anderen Person wie bei einem Spiegelbild nachgeahmt werden. Der Rollentausch findet wieder bei Bodenberührung oder nach Zeit statt.

Parallelslalom: Wie beim Skifahren können zwei gleiche Slalomstrecken nebeneinander aufgebaut werden. Zur Kennzeichnung der

Strecke werden kleine Steinchen o. ä. benutzt. Sieger ist der schnellste Fahrer. Der Verlierer erhält das Recht, den nächsten Slalom zu markieren.

Räder tauschen: Ein Rädertausch, besonders, wenn man sich eine andere Reifengröße einhandelt, vermittelt meist ein Aha-Erlebnis. Auch eine andere Sitzhöhe vermittelt ein interessantes Fahrerlebnis.

Spiele

Wenn mehrere Einradfahrer zusammentreffen, wäre es ja dumm, den natürlichen Spieltrieb zu unterdrücken, nur weil man auf dem Einrad sitzt. Je nach Anzahl und Kreativität der Einradfahrer können verschiedene Spiele durchgeführt werden. Hier einige Vorschläge:

Einkriegen: Die Grenzen des Spielfeldes müssen deutlich festgelegt sein. Ein Fahrer beginnt und versucht, einen anderen Fahrer abzuschlagen. Wer abgeschlagen ist, versucht den Schlag möglichst schnell weiterzugeben.

Faß mich nicht an!: Zwei Fahrer kämpfen darum, selbst nicht berührt zu werden, den anderen Fahrer aber ihrerseits zu berühren. Alle Berührungen (außer Ellbogen abwärts) zählen als Treffer. Ein kleines Spielfeld fördert die Aktivitäten.

Ketten bilden: Mindestens drei Einradfahrer(innen) bilden durch seitliches Armfassen eine Kette (Foto rechts). Bei einer ungeraden Zahl kann die Person in der Mitte sehr schön die Pirouette üben, vorausgesetzt die Kettenenden bewegen sich in unterschiedliche Richtungen. Bei längeren Ketten kann die rechte Seite versuchen, die linke einzuholen.

Als Spielmöglichkeiten eignen sich auch Spiele mit Zuwerfen oder Zuspielen, etwa einen Ball oder eine Frisbeescheibe zuwerfen. Badminton auf dem Einrad ist auch möglich.

Die Kettenenden bewegen sich in verschiedene Richtungen, die Fahrerin in der Mitte wird auf der Stelle gedreht.

Eine andere Möglichkeit ist es, Mannschaftsballspiele (Handball, Basketball, Hockey u. ä.) auf dem Einrad zu spielen. In der Gestaltung der Regeln ist jede Gruppe zwar frei, es spielt sich aber besser, wenn vor dem Spiel einige Regeln besprochen werden. Günstig ist es, die Spielzeit, die Zählweise, die Strafe beim Absteigen vom Rad und die Art und Weise des Ballführens vorher festzulegen. Bei der Spielzeit und der Zählweise wird man sich schnell einigen können. Die Strafe beim Absteigen vom Rad kann zum Beispiel Ballbesitz mit Einwurf für die andere Mannschaft sein. Eine andere Möglichkeit ist eine Art Freiwurf von der Stelle, an der der gegnerische Spieler den Boden mit den Füßen berührt hat. Das Ballführen kann als Dribbeln des Balles gestaltet werden, der Ball muß bei jeder zweiten oder jeder dritten Tretkurbelumdrehung einmal den Boden berühren. Wenn nicht gedribbelt werden kann oder soll, wird die Regel eingeführt, den Ball spätestens nach 1, 2, 3, 4 oder mehr Kurbelumdrehungen abzuspielen. Alle solche Spiele haben das Zusammentreffen vieler Einradfahrer(innen) zur Voraussetzung und verlangen somit einen bestimmten Organisierungsgrad.

Ausflüge

Eine besondere Form geselliger und umweltfreundlicher Freizeitgestaltung sind Ausflüge mit dem Einrad. Längere Ausflüge erfordern eine gewisse Planung. Zur Planung eines Ausfluges können folgende Angaben über das Tempo von Einrädern im Dauerbetrieb helfen: Ein 20″-Einrad ist auf Dauer ungefähr so schnell wie ein zügig laufender Fußgänger, ca. 5–6 km in der Stunde, ein 24″-Einrad erreicht in etwa das Tempo eines sehr ruhig laufenden Joggers, ca. 8–10 km in der Stunde.

Diese Angaben beziehen sich auf nicht betont schnelles Fahren, sie dienen nur zur groben Orientierung und können individuell stark abweichen. Einige Rekordmarken auf dem Einrad sollen verdeutlichen, welche Leistungen im Extremfall möglich sind: Der Vergleich zwischen den Bestleistungen im Tagesdauerbetrieb (24-Stunden-Rekorde) zeigt die Relation zwischen Laufen und Einradfahren: 24-Stunden-Rekord Läufer: 276,2 km, 24-Stunden-Rekord Einradfahrer: 232,5 km (aus dem Guinness Buch der Rekorde 1991, Kümmel, H.-H. 1990, 9, S. 218).

Zu den ausgedehntesten Ausflügen, die auf einem Einrad unternommen wurden, zählt die Fahrt von U. Thiedemann im Jahre 1984, einer von etlichen Rekordversuchen auf dem Einrad. Die zurückgelegte Strecke von der französischen Atlantikküste bis nach Hannover war fast 1600 km lang und wurde in nur 13 Tagen durchfahren (August, H. 1989, S. 29). Eine Tagesleistung von fast 120 km beweist, daß Einrad und Fahrer im Extremfall auch Dauerleister sein können.

Der Schweizer G. Frey bewies mit seiner Fahrt in den Alpen (1989) nicht nur Ausdauer und Geschick, sondern er bestätigte auch die Kletterfähigkeit des Einrads. In 13:45 Std. legte er eine Distanz von 105 km zurück, er überwand dabei auch noch eine Höhendifferenz von knapp 4100 m. Bei diesen extremen Bedingungen erreichte er eine Durchschnittsgeschwindigkeit von 11 km/h (Kümmel, H.-H. 1990, S. 218).

Die meisten Ausflüge auf dem Einrad werden wohl etwas bescheidener ausfallen. Damit der Einradausflug ein Erfolg wird, hier einige *Tips*:

- Einen Ausflug alleine unternehmen ist eine feine Sache, zu mehreren macht's aber mehr Spaß.
- Es sollte vorher eine realistische Streckenlänge und die Streckenführung über Radwege, abseits vom Autoverkehr, festgelegt werden.
- Für das tatsächliche Tempo sind erst einmal die Reifengröße, die Schnelligkeit beim Treten und das Fahrkönnen ausschlaggebend. Aber auch die Beschaffenheit der Strecke (Anzahl der durch Hindernisse erzwungenen Ab- und Aufstiege, Steigungen, Gefälle, übriger Verkehr, Fahrbahnoberfläche) nimmt entscheidenden Einfluß auf das Fahrtempo. Die Wetterbedingungen können ein zügiges Fahrtempo fördern oder behindern.
- Die Mitnahme wichtiger Dinge (Ersatzteile, Proviant u. ä.) läßt sich bei einem Gruppenausflug leicht auf verschiedene Schultern verteilen. Gute Transportmittel sind Rucksäcke, die Hände sollen beim Fahren frei bleiben.

Fahren auf Hoch-Einrädern (Giraffen)

Das Fahren auf Hoch-Einrädern hat Vor- und Nachteile. Zu den Vorteilen zählt, daß es sehr viel Spaß macht, hoch über allen anderen radzufahren und daß ein Publikum damit nachhaltig beeindruckt werden kann. Zu den Nachteilen gehören ein meist schwieriger Transport des Rads und eingeschränkte Möglichkeiten, das Rad außerhalb von Bühne und Übungsstätte zu nutzen. Das Hoch-Einrad eignet sich besonders für alle, die artistisch fahren wollen.
Bevor du dich am Hoch-Einradfahren versuchst, solltest du einige Dinge wissen:

- Es ist leichter, als es aussieht, also keine falschen Hemmungen.
- Durch die größere Sitzhöhe und beim Sturz durch die größere Fallhöhe hast du ein etwas anderes Fahrgefühl als auf dem normalen Einrad. Stürze nach vorn oder nach hinten verlaufen meist problemlos, Stürze zur Seite sind gefährlich.
- Du brauchst viel Platz. Wähle deine Übungsstätte anfangs so aus, daß du risikofrei nach allen Seiten umfallen kannst. Fahre nicht in die Nähe von Menschen oder Gegenständen, wenn du dich unsicher fühlst.
- Unter dem physikalischen Aspekt des Gleichgewichthaltens betrachtet, ist es nicht schwieriger, als auf einem normalen Einrad zu fahren, es ist sogar einfacher.
- Da der Antrieb nicht mehr direkt erfolgt, sondern über eine oder zwei Ketten, fährst du bei Abweichung der Anzahl der Zähne auf den Kettenblättern eine Übersetzung. Das bedeutet, daß eine

Von links: Mini-Hoch-Einrad mit ziemlich nervösen Fahreigenschaften, Hoch-Einrad, niedrigeres Hoch-Einrad

Tretkurbelumdrehung nicht einer Radumdrehung entspricht und daß das Fahrverhalten damit gewöhnungsbedürftig ist. Durch die Zahl der Zähne an den Kettenblättern wird das Fahrverhalten mitbeeinflußt.

- Bevor du dich auf Hoch-Einräder traust, solltest du alle grundlegenden Techniken sicher beherrschen. Als Voraussetzung für den freien Aufstieg auf das Hoch-Einrad solltest du den Aufstieg von der Seite auf das normale Einrad können (siehe Seite 94).
- Nicht nur die Sitzposition, sondern auch das Fahrverhalten ist ‹majestätischer›. Durch seine Länge verträgt das Hoch-Einrad größere Abweichungen von der Unterstützungsfläche, du hast mehr Zeit für Korrekturbewegungen.

Hoch-Einräder werden auch als Giraffen oder als Stangenräder bezeichnet. Die Kraftübertragung beim Hoch-Einrad geschieht normalerweise über eine oder zwei Ketten, der Antrieb über mehrere Räder ist zwar auch möglich, ist aber eine Rarität (Foto rechts, außen). Ob beim «normalen» Hoch-Einrad der Antrieb über eine oder zwei Ketten die bessere Lösung ist, dürfte überwiegend Geschmackssache sein. Einige Fahrer schwören auf zwei Ketten, andere sind absolut davon überzeugt, daß eine Kette völlig ausreicht. Es werden Räder mit unterschiedlichen Reifengrößen und Sitzhöhen angeboten. Die zuerst empfohlene Reifengröße ist ein 20″-Rad.
Allerdings beeinflußt nicht nur die Reifengröße, sondern auch die Anzahl der Zähne auf den Kettenblättern das Fahrverhalten. Bei gleicher Anzahl der Zähne auf den Kettenblättern wird eine 1:1-Übersetzung (wie auf dem kleinen Einrad) gefahren. Ist das untere Kettenblatt im Vergleich zum oberen größer und hat es mehr Zähne, dreht sich das Rad bei einer Tretkurbelumdrehung weniger als einmal. Das Treten fällt sehr leicht, überbrückt aber wenig Raum. Eine umgekehrte Kombination der Kettenblätter (oberes größer, unteres kleiner) führt zu entgegengesetzten Fahreigenschaften: Eine Tretkurbelumdrehung führt zu mehr als einer Radumdrehung, raumgreifendes, schwereres Treten. Durch die richtige Kombination der Kettenblätter kann beispielsweise ein trägeres 24″-Rad sich im Fahrverhalten einem 20″-Rad angleichen.
Zu den angebotenen Größen gehören Räder mit 150 cm (5 Fuß, kleines Hoch-Einrad) und 180 cm (6 Fuß, normales Hoch-Einrad) Sattelhöhe. Dazu gibt es auch Hoch-Einräder unterschiedlichster Größen, unter anderem auch mit 100, 140 und 160 cm Sattelhöhe. Alle Hoch-Einräder, die höher als 180 cm Sattelhöhe sind, sind Hoch-Einräder für absolute Spezialisten.

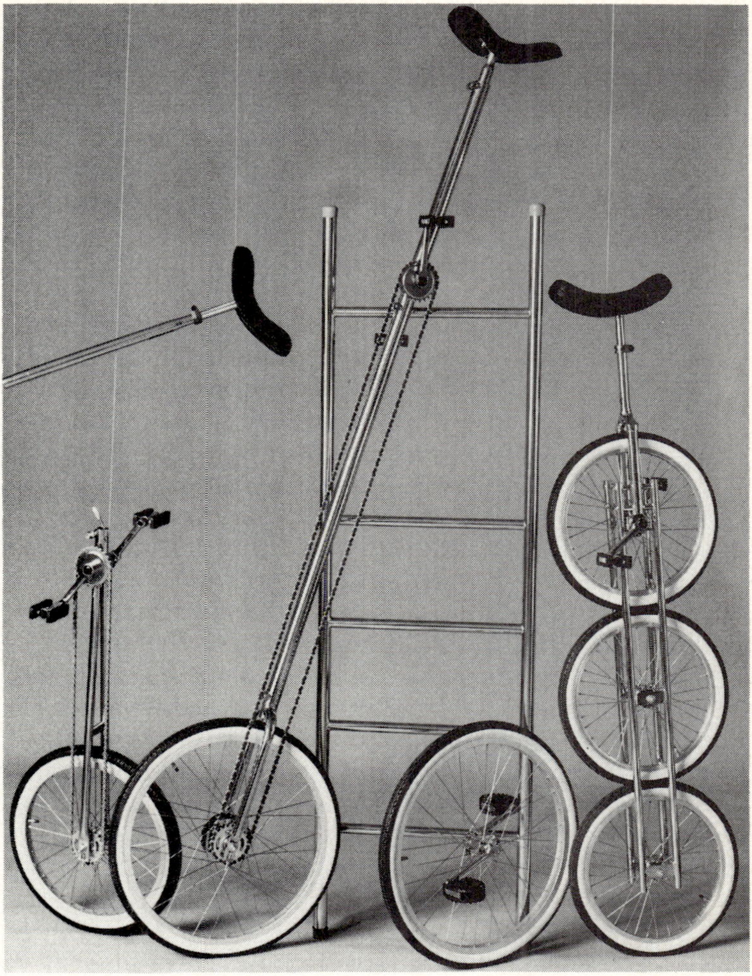

Von links: Eine gute Lösung. Das Sitzrohr läßt sich zum Transport herausnehmen. Die anderen Ausrüstungsgegenstände sind nur etwas für Spezialisten: Extrem hohes Einrad, Einrad ohne Sattel und Gabel, auch als «Ultimate-Wheel» bezeichnet, und ein Hoch-Einrad, bei dem die Kraft nicht über eine Kette, sondern über mehrere Räder übertragen wird.

Durch Fahren bekommst du Sicherheit auf dem Hoch-Einrad.

Deine herausgehobene Position auf dem Hoch-Einrad mußt du dir allerdings sauer erkämpfen. Das Hoch-Einradproblem schlechthin ist der freie Aufstieg. Damit der Beginn deiner Hoch-Einradkarriere nicht durch unnötige Aufstiegs-Frustrationen beeinträchtigt wird, sammelst du zuerst einmal Fahrerfahrungen und vertagst das schwierige Problem des freien Aufstiegs. Nachdem du mit Hilfe auf das Hoch-Einrad gekommen bist (Seite 137), versuchst du zuerst einige Meter mit seitlicher Hilfe zu fahren. Wenn die Größenverhältnisse es zulassen, kannst du in der Anfangsphase wieder mit einem seitlich laufenden Helfer üben. Schon nach kurzer Zeit wirst du auf den Helfer verzichten können, du mußt das Fahren ja nicht neu lernen, du mußt lediglich ein wenig umlernen.

Erst wenn du gut und sicher auf dem Hoch-Einrad fährst, kannst du Erfolgserlebnisse beim freien Aufstieg haben. Übe also zuerst, je nachdem wie gut du auf dem (kleinen) Einrad fährst, ca. 5 bis 20 Stunden nur das Fahren, Pendeln, Rückwärtsfahren, Kurvenfahren usw. auf dem Hoch-Einrad (Foto oben). Benutze in dieser Anfangsphase Hilfen beim Aufstieg.

Aufsteigen

Aufsteigen mit Hilfe

Dazu benötigst du irgendeinen Gegenstand, der die richtige Höhe hat, auf den du klettern kannst und von wo aus du problemlos das Hoch-Einrad besteigen kannst. Das kann je nach Höhe eine stabil stehende Leiter, eine Mauer oder eine Sprossenwand sein. Von diesem Gegenstand aus setzt du dich auf den Sattel, bringst ein Pedal in die unterste Position und beginnst auf der Stelle zu pendeln. Dabei hältst du dich anfangs noch an der Aufstiegshilfe fest. Erst wenn du dich wirklich sicher fühlst, löse die Hand von der Aufstiegshilfe und beginne mit der freien Fahrt.

Ein ziemlicher Kraftakt für alle Beteiligten ist es, wenn du dich von kräftigen und willigen Helfern hochheben läßt. Dazu wird das Rad vor ein bremsendes Hindernis gestellt, der Fahrer setzt sich in Schräglage des Hoch-Einrades auf den Sattel und spannt seine Muskeln so stark an, daß der Körper fest und steif ist. Die Helfer (mindestens zwei) heben und schieben den Fahrer nach oben. Sie halten das Einrad noch so lange fest, bis der Fahrer beim Pendeln oder Fahren so viel Sicherheit erlangt hat, daß er sich allein auf dem Rad halten kann.

Möglich ist es auch, auf ein durch zwei Helfer gesichertes Rad zu steigen. Die Helfer stehen rechts und links vom Rad, halten das Rad an der Sattelstange fest und benutzen ihre Füße als Bremsklötze, so daß das Rad weder nach vorn noch nach hinten rollen kann. Steige von hinten zuerst auf den Reifen, dann auf ein Pedal, das sich in der untersten Position befindet, und setze dich auf den Sattel.
Erst wenn du über einige Fahrerfahrungen verfügst und das Fahrverhalten deines Hoch-Einrades gut kennst, ist es ratsam, den freien Aufstieg zu üben. Folgende Möglichkeiten gibt es:

Aufsteigen über das Pedal

Mit diesem Aufstieg geht's am leichtesten auf das Hoch-Einrad. Den Aufstieg kannst du aber nur dann schaffen, wenn dein Einrad nicht höher als 6 Fuß ist (ca. 180 cm Sitzhöhe) und du selbst größer als ca. 1,80 m bist. Bist du kleiner oder ist das Rad größer, gelingt dir dieser Aufstieg, durchschnittliche Körperproportionen vorausgesetzt, nicht. Ob du groß genug oder zu klein für diesen Aufstieg bist, merkst du auch, wenn du die Ausgangsposition für diesen Aufstieg einnimmst (Foto unten).

Aufstieg über das Pedal: Ausgangsposition

In der Ausgangsposition stehst du hinter dem Rad, das rechte Bein ist am Boden, der linke Fuß ist auf das linke Pedal gesetzt. Das Knie des linken Beins soll dabei möglichst hoch gehalten werden. Die Hände halten vorn und hinten am Sattel fest. Aus dieser Position drückst du dich mit dem rechten Bein vom Boden ab. Nach dem Abdruck übernimmt das linke Bein den entscheidenden Rest der Arbeit. Das linke Bein muß nun schnell gestreckt werden, du sollst *zügig über den Sattel* kommen. Die Kraft des linken Beines geht bei der Streckung genau nach oben. Jeder Abdruck weg vom Rad ist ein Fehler, der dir die Übung verhagelt. Der Aufstieg wird überwiegend von den Beinen bewerkstelligt, die Hände halten nur den Sattel oder unterstützen die Aufstiegsbewegung dadurch, daß Druck von oben auf den Sattel ausgeübt wird.

Der Druck darf nur genau von oben kommen und genau nach unten gehen. Jeder Versuch, sich mit den Händen am Sattel hochzuziehen, der mit seitlichem Druck auf den Sattel verbunden ist, scheitert. Bei einer solchen Aktion wird das ganze Rad zur Seite gedrückt. Wenn du alle Fehler vermieden hast, bist du nun oben angekommen und setzt sofort den rechten Fuß auf das rechte Pedal und beginnst mit dem Pendeln.
Nachdem dein rechter Fuß den Boden verlassen hat und bevor er auf das rechte Pedal aufsetzt, hast du nur die Möglichkeit, das Rad über den linken Fuß und das linke Pedal zu kontrollieren. Diese Möglichkeit der Kontrolle ist in dieser labilen Phase größer, wenn du das einbeinige Pendeln auf dem Hoch-Einrad kannst.

Aufstieg über das Pedal

Der Aufstieg ist durch die extreme Ausgangsposition in der ersten Phase mit der Dehnung einiger Bein- und Gesäßmuskeln verbunden. Um die benötigte Beweglichkeit zu erlangen und um Verletzungen zu vermeiden, eignen sich Stretchingübungen, die die betreffende Muskulatur vorbereiten.

Aufstieg über den Reifen

Bevor du aufsteigst, muß die linke Tretkurbel in die untere Position gebracht werden. Der eigentliche Aufstieg beginnt mit dem Abdruck des linken Beins vom Boden. Das linke Bein wird schnell auf das linke Pedal gesetzt (Foto rechts) und danach sofort gestreckt. Durch diese Streckung sollst du über den Sattel kommen. Der rechte Fuß setzt zum Schluß auf das rechte Pedal (Foto rechte Seite).

Aufsteigen über den Reifen

Bei diesem Aufstieg wird der Reifen als Trittleiter benutzt. In der Ausgangsposition stehst du hinter dem Rad, der linke Fuß steht auf dem Boden. Der rechte Fuß ist auf den Reifen gesetzt, die Fußspitze berührt dabei die Gabel, so wird ein Wegrollen des Reifens verhindert.

So reibungslos, wie es hier beschrieben ist, wird die Technik anfangs allerdings kaum klappen. Einige *Tips* können ein wenig Hilfestellung geben:

- Versuche nicht, dich mit den Händen nach oben zu ziehen, die Hände halten nur den Sattel, sie drücken ihn nicht zur Seite und zerren nicht an ihm.
- Führe die Übung schnell und ohne Kunstpausen aus. Dein Ziel ist es, ganz oben anzukommen, du hast keine Zeit, zwischendurch eine Pause einzulegen und zu überlegen.
- Gehe direkt nach oben. Du mußt dich vom Reifen und vom Pedal gerade nach oben abdrücken.
- Gib dir vor der Übung Selbstbefehle, wie: Abdrücken, Aufsetzen, Sitzen o. ä. Erkenne Fehler und ändere die Befehle bei Bedarf, wie: Arme locker lassen, Sattel nicht wegdrükken.

Der erste gelungene Aufstieg ist ein großer Erfolg, auf den du stolz sein kannst. Aber auch von diesem denkwürdigen Moment an ist es noch ein hartes Stück Arbeit, bis der Aufstieg wirklich sicher ist. Deine Erfolgsquote wird zuerst vielleicht bei ca. 25 : 1 liegen, d. h., du brauchst durchschnittlich 25 Versuche, um einmal aufzusteigen. Wenn deine Erfolgsquote nach längerem Üben bei ca. 5 : 1 angekommen ist, bist du gut, bei 2 : 1 und besser bist du sehr gut.

Fahren und Lernen

Die meisten Fahrtechniken, die auf dem kleinen Einrad gefahren werden können, können auch auf dem Hoch-Einrad gezeigt werden. Die Techniken auf dem Hoch-Einrad unterscheiden sich von denen auf dem kleinen Einrad nicht prinzipiell, sondern nur graduell. Vorwärtsfahren, Rückwärtsfahren, Pendeln, Springen, einbeiniges Fahren usw. sind auf dem Hoch-Einrad genauso möglich. Durch die Distanz zwischen Sattel und Reifen fallen allerdings auch einige Fahrtechniken, wie beispielsweise das Wheel-walking im Sitzen, aus. Die Aufstiegstechniken sind beim Hoch-Einrad grundsätzlich anders und auch schwieriger.
Das Erlernen der Fahrtechniken verläuft nach dem Prinzip vom kleinen Einrad zum Hoch-Einrad. Der entscheidende Vorteil ist der, daß man auf dem kleinen Rad angstfrei Bewegungserfahrungen sammeln kann. Die Übertragung des Könnens vom kleinen Einrad auf das Hoch-Einrad erfolgt so, daß die bekannten Übungen, die zum Erlernen bestimmter Techniken auf dem kleinen Einrad ausgeführt wurden, nun auf dem Hoch-Einrad wiederholt werden. Die Übungsfolge kann dabei meist unverändert bleiben.

Faking

Eine Besonderheit des Fahrens auf Hoch-Einrädern ist das Faking. Bei dieser Technik wird so getan, als wenn man jeden Moment umkippen würde. Natürlich fällt man nicht hin, sondern kann sich immer noch, wie durch Zufall, im allerletzten Moment abfangen. Durch eine möglichst große Schräglage, die beim Hoch-Einrad besonders gefährlich wirkt, kann ein Fast-Sturz beeindruckend vorgetäuscht werden. Je größer die Neigung des Rades ist, desto mehr werden die Zuschauer fasziniert sein. Der gewünschte Eindruck eines knapp vermiedenen oder kurz bevorstehenden Sturzes kann noch durch scheinbar wilde Ruderbewegungen der Arme, durch einen entsetzten Gesichtsausdruck oder durch wilde Hilferufe unterstützt werden.
Das Spielen der Rolle eines unglücklichen Anfängers, der nur äußerst knapp Unfällen und Katastrophen entgehen kann, setzt allerdings das wirklich gute und sehr sichere Beherrschen des Hoch-Einrades voraus. Bevor das Faking vor Publikum gezeigt wird, sollten die Bewegungen supersicher geübt sein. Der Gag ist verdorben, wenn du wirklich zu Boden fällst.

Absteigen

Eine kontrollierte Fahrt auf dem Hoch-Einrad endet mit dem Absteigen. Das Absteigen kann als Absprung vor oder hinter dem Rad ausgeführt werden. Da sich das Rad beim Abstieg nach vorn oder nach hinten bewegt, brauchst du für diese Technik Platz.
Beim Abstieg vor dem Rad gehst du ein wenig in Vorlage, hältst das Rad am Sattel fest und gehst bei der Landung in die Knie. Du kommst ziemlich genau an der Stelle auf, an der das Rad vor Beginn des Abstiegs auf dem Boden stand. Während du also fast senkrecht runterkommst, rollt das Rad noch eine kleine Strecke nach hinten.
Beim Abstieg hinter dem Rad springst du aus leichter Rücklage ab. Das Rad rollt noch ein wenig nach vorn und wird am Sattel festgehalten.

Beim Absteigen vor dem Hoch-Einrad das Rad festhalten und tief in die Knie gehen, um den Sprung abzufangen.

Jonglieren auf dem Einrad

Beim Einradfahren sind deine Hände frei. Du kannst die Hände zum Klatschen, Winken, Kartenmischen oder Pfeifen auf den Fingern benutzen. Einradfahren läßt sich aber auch mit allen dem Jonglieren im weiteren Sinne zugeordneten Tätigkeiten verbinden: dem Jonglieren mit verschiedenen Gegenständen (Tücher, Bälle, Ringe, Keulen, Obst, rohe Eier, Pflastersteine u. ä.), dem Ball- und Tellerdrehen, dem Jonglieren mit Zigarrenkisten, mit dem Diabolo und mit dem Devil Stick. Genauso ist es möglich, Einradfahren mit Jo-Jo-Spielen, mit Lassowerfen oder Seifenblasen pusten zu kombinieren. Eine sehr publikumswirksame Verbindung ist Einradfahren und Jonglieren.
Damit du erfolgreich auf dem Einrad jonglieren lernst, wird im nächsten Abschnitt das Grundmuster des Jonglierens erklärt. Wer bereits drei Bälle im Kaskademuster jonglieren kann, braucht den nächsten Abschnitt nicht zu lesen.

Jonglieren lernen

Bevor du dich mit dem Jonglieren auf dem Einrad versuchst, ist es besser, wenn du das Jonglieren unter leichteren Bedingungen – im Stehen auf festem Untergrund – lernst.
Beim Jonglieren können die Gegenstände auf sehr unterschiedliche Art und Weise geworfen und gefangen werden, es können verschieden aussehende und verschieden schwierige Muster geworfen werden. Der Einstieg zum Jonglieren auf dem Einrad ist das Lernen des grundlegenden Jongliermusters, der Kaskade.
Um dieses Jongliermuster zu lernen, bereite dich vor und mache folgende Übungsschritte:

Erster Übungsschritt

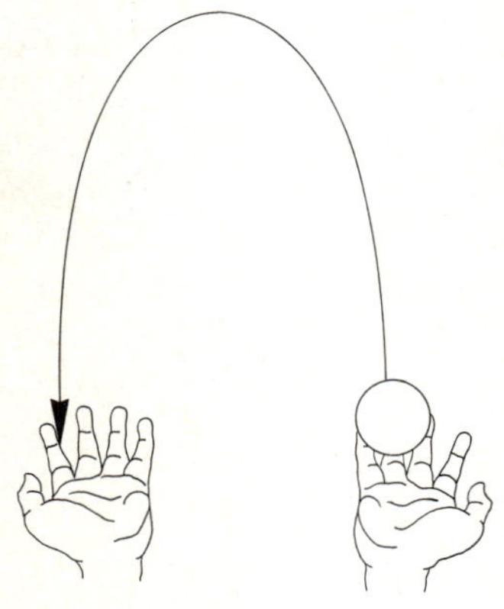

Übung mit einem Ball: Wirf einen Jonglierball von der rechten Hand in die linke und zurück. Der höchste Punkt der Flugkurve liegt ungefähr vor deiner Stirn. Mache die Übung mindestens zwanzig Minuten hintereinander.

Vorbereitung

Du benötigst drei gleich schwere und gleich große, handliche Bälle (Tennisballgröße), die beim Runterfallen am besten nicht weiterrollen. Halte die Arme beim Jonglieren so, als wenn du ein Tablett in Bauchnabelhöhe trägst. Damit du die Bälle nicht zu weit nach vorn wirfst, stelle dich zum Üben vor eine Wand.

Zweiter Übungsschritt

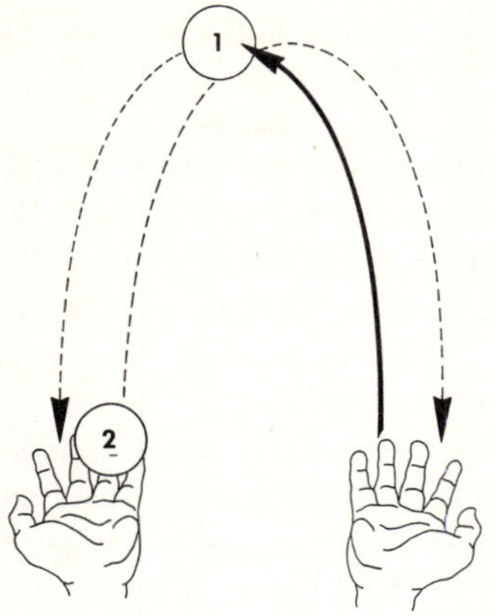

Dritter Übungsschritt

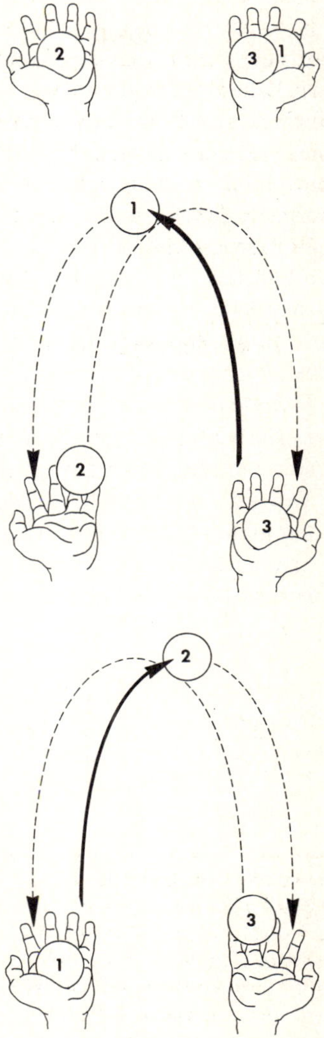

Übung mit zwei Bällen (Abb. oben): Halte je einen Ball in einer Hand. Wirf Ball 1 aus der rechten Hand los. Wenn der Ball 1 den höchsten Punkt (ungefähr in Stirnhöhe) erreicht hat, wirf den Ball aus der linken Hand in die rechte. Beginne die Übung abwechselnd mit der rechten und mit der linken Hand.

Übung mit drei Bällen. Beginne mit zwei Bällen in der rechten und einem Ball in der linken Hand (Abb. rechts oben). Wirf Ball 1 aus der rechten Hand los. Wenn dieser Ball den höchsten Punkt erreicht hat, wirf Ball 2 aus der linken Hand ab (Abb. rechts Mitte). Fange Ball 1 mit der nun freien linken Hand. Wenn Ball 2 den höchsten Punkt erreicht hat, wirf Ball 3 ab (rechts unten). Wirf danach wieder Ball 1 aus der linken Hand ab usw. Wenn diese Übung fortlaufend gelingt, kannst du drei Bälle (im Kaskademuster) jonglieren.

Die Kaskade muß nun so lange wiederholt werden, bis du sie sicher und ohne große Konzentration kannst. Das gewünschte Stadium der Perfektion ist dann erreicht, wenn du beim Jonglieren durch die Jonglage durchschauen und beispielsweise beim Jonglieren fernsehen kannst.

Erst wenn du das Jonglieren im Kaskademuster (ohne Einrad) gelernt hast, kann das Jonglieren mit verschiedenen Fahrtechniken auf dem Einrad verbunden werden. Wenn du die Übungsaufgaben, die mit einem (J) gekennzeichnet sind, beim Fahren, Rückwärtsfahren und beim Pendeln, durchgehst, wirst du das Jonglieren auf dem Einrad systematisch lernen.
Die Übungen beziehen sich auf die Verbindung zwischen verschiedenen Fahrtechniken auf dem Einrad und der Kaskade, die das Basismuster des Jonglierens ist. Weitere Jongliermuster, von denen es sehr viele gibt, werden im Rahmen dieses Buches nicht erklärt. Wenn du willst, kannst du dich dennoch weiter verbessern:

- Erfinde neue Jongliermuster, indem du die Bälle anders wirfst.
- Lerne weitere Jongliermuster aus Büchern, oder laß dir solche Muster von Jongleuren zeigen und erklären.
- Wenn du bereits mehrere Muster jonglieren kannst, oder wenn du mit mehr als drei oder anderen Objekten als Stoffbällen jonglieren kannst, übe die Verbindung dieser Techniken mit verschiedenen Fahrtechniken auf dem Einrad.

Jonglieren und Einradfahren richtig kombinieren

Beide zu kombinierenden Bewegungen sollten weitgehend automatisiert sein, d. h., jede Bewegung für sich (beispielsweise Pendeln auf dem Einrad und Jonglieren mit drei Bällen) soll ohne besondere Aufmerksamkeit und Anstrengung ablaufen können. Das ist deshalb wichtig, weil die volle und ungeteilte Aufmerksamkeit des «Bewegungscomputers» im Gehirn anfangs auf die weitgehende Vermeidung einer gegenseitigen Störung beider Bewegungen gerichtet ist. Wenn du also merkst, daß die Kombination deshalb nicht klappt, weil du reine Jonglierfehler oder reine Fahrfehler machst, kann es sinnvoll sein, beide zu kombinierenden Techniken noch weiter einzeln zu verbessern.

Das Jonglieren auf dem Einrad beginnt in Kombination mit der leichtesten Fahrtechnik, dem Vorwärtsfahren. Nach und nach kann die Schwierigkeit der Fahrtechnik erhöht werden, also Slalom fahren, Kreise fahren usw. Ein Schwerpunkt beim Jonglieren auf dem Einrad ist die Kombination Jonglieren – Pendeln. Sowohl beim Pendeln, durch einbeiniges Pendeln mit verschiedenen Beinhaltungen, als auch beim Jonglieren durch verschiedene Muster oder durch die Art (Ringe, Keule) oder die Anzahl der Jonglierobjekte kann der Schwierigkeitsgrad variiert werden.

Übungs- und Trainingstips

- Bevor du auf dem Einrad jonglierst, wärme dich nacheinander mit Einradfahren und mit Jonglieren auf.
- Jonglieren auf dem Einrad ist Jonglieren im Sitzen. Es kann eine Hilfe sein, wenn du das Jonglieren im Sitzen übst, bevor du es auf dem Einrad versuchst.
- Jedes neue Jongliermuster auf dem Einrad ist wieder eine anfangs ungewohnte, gewöhnungsbedürftige Störgröße für das Gleichgewichthalten. Verzweifle also nicht, wenn du ein neues Muster übst und wieder öfter absteigen mußt.

Aufstiege

Du kannst grundsätzlich alle Aufstiege benutzen, wenn du deine Jonglierobjekte nicht in der Hand hast. Kleine Jonglierbälle kann man beispielsweise in eine Tasche stecken oder sich von einer anderen Person zuwerfen lassen. Bei Aufstiegen mit Keulen oder Ringen in der Hand ist eine Hand durch die Jonglierobjekte bereits besetzt. Hier eignen sich folgende Aufstiege am besten:

- Aufstieg von der Seite mit einer Hand (Seite 96)
- Kick-up-Aufstieg (Seite 102/103)
- Sprung-Aufstiege (Seite 100)

Jonglierrequisiten aufheben

Beim Jonglieren auf dem Einrad werden deine Jonglierobjekte früher oder später zu Boden fallen. Zum Aufsammeln heruntergefallener Gegenstände mußt du aber nicht unbedingt vom Einrad absteigen und damit allen Leuten klarmachen, daß etwas schiefgegangen ist. Wenn es dir gelingt, heruntergefallene Requisiten vom Einrad aus aufzuheben, kannst du einen kleinen Ausrutscher in einen Erfolg umwandeln. Für Leute mit normalen Körperproportionen, die nicht über Arme von Orang-Utan-Länge verfügen, ist das Aufheben vom Einrad aus zunächst jedoch nicht ganz einfach und nicht immer ganz schmerzfrei.

Zum Aufheben fährst du langsam an das Objekt heran und beugst dich dann so weit wie möglich vor. Da der Körper in dieser Position extrem nach vorn geneigt ist, muß die Gabel zur Wahrung des Gleichgewichts ein wenig nach hinten zeigen. Das tiefe Runterbeugen kann durch gleichzeitiges Ausatmen erleichtert werden.

Jonglierrequisiten aufheben

Einradfahren gehört auch zu den Zirkuskünsten. Meistens wird das Einradfahren hier mit Jonglieren oder Balancieren anderer Gegenstände verbunden. Vielleicht hast du schon einige dieser Supertricks auf dem Einrad mit großer Bewunderung gesehen. Leistungen, die Zirkusartisten auf dem Einrad zeigen, sind das Ergebnis jahre- oder jahrzehntelangen Übens unter professionellen Bedingungen. Auch ein sehr guter Amateur kann sich damit nicht messen. Einige Beispiele zeigen, was alles mit dem Einrad möglich ist:

Roman Bait – one-wheel-juggler (1953)

Ernest Montego (1960)

Das allerdings können auch Amateure schaffen:
Jonglieren und Zuwerfen von Keulen (Keulenpassing)
auf dem Hoch-Einrad.

Einradfahren und die Physik

Einige grundlegende Probleme beim Einradfahren lassen sich gut mit Hilfe der Physik erklären. Da im folgenden Text keine Formeln oder Rechenaufgaben vorkommen, können auch diejenigen weiterlesen, die nicht Physik studiert haben.

Gleichgewichtsprobleme, Balancieren

Ein aufgestelltes Einrad ohne Fahrer fällt um. Die Physik nennt den kurzen Gleichgewichtszustand des freistehenden Einrades sehr anschaulich labil (von lat.: labilis; wankend). Alle Körper, also auch Einräder, sind jedoch bestrebt, einen stabilen (von lat.: stabilis; feststehend) Gleichgewichtszustand einzunehmen, in diesem Fall also umzufallen und liegenzubleiben. Physikalisch ausgedrückt, verliert ein Körper beim Umfallen Lageenergie und gewinnt Bewegungsenergie, sein Schwerpunkt senkt sich, bei unserem Beispiel fällt das Einrad um. Es hat im Liegen einen stabilen Gleichgewichtszustand und kann sich nicht von selbst aus einer solchen Stellung geringerer Lageenergie in die labile Gleichgewichtslage zurückbewegen. Um es in die labile Position zurückzubringen, muß es aufgehoben und hingestellt werden, es muß also Arbeit verrichtet werden. Arbeit muß auch dann verrichtet werden, wenn man auf dem Einrad fährt und es im Gleichgewichtszustand hält, es balanciert.

Bei diesem Balanceakt kommt es darauf an, daß der Schwerpunkt des Systems Einrad–Fahrer genau senkrecht über der Unterstützungsfläche liegt. Der Schwerpunkt liegt bei einem einfachen Körper (z. B. einer Kugel) exakt in der Mitte. Beim aufrecht stehenden Menschen

So oder so, beim Balanceakt kommt es darauf an, die Unterstützungsfläche (Pfeil) genau senkrecht unter den Schwerpunkt (Punkt) zu bringen. Die linke Person balanciert «von unten», die rechte «von oben».

liegt der Schwerpunkt etwa zwischen Bauchnabel und Wirbelsäule. Der Gesamtschwerpunkt des Systems Einrad–Fahrer(in) dürfte ungefähr im Hüftbereich liegen. An diesem Schwerpunkt scheint die ganze Schwerkraft anzugreifen. Um mit dem Einrad das Gleichgewicht zu halten, muß der Schwerpunkt über der sehr kleinen Unterstützungsfläche (das ist die Kontaktstelle zwischen Reifen und Boden, meist nur wenige Quadratzentimeter) liegen. Für das Gleichgewichthalten ist es von Bedeutung, wie groß die Kontaktfläche zwischen Reifen und Boden ist. Ein besonders stark aufgepumpter Reifen verkleinert die Kontaktfläche und erschwert das Gleichgewichthalten. Damit das Gleichgewicht überhaupt über längere Zeit auf dem Einrad gehalten werden kann, müssen ständig kleine Korrekturbewegungen gemacht werden, die den Gleichgewichtszustand aufrechterhalten. Da das Rad aber nach jeder Korrekturbewegung sofort wieder einen stabilen Gleichgewichtszustand einnehmen will (also umfallen oder liegen will), muß sofort die nächste Korrekturbewegung beginnen.

Bei den ständig auszugleichenden «Wacklern» auf dem Einrad senkt sich der Gesamtschwerpunkt ein wenig, das System Einrad–Fahrer verliert Lageenergie und gewinnt Bewegungsenergie, es kommt, wenn auch nur sehr wenig, ins Fallen. Um einen Sturz zu vermeiden, muß (Muskel-)Arbeit verrichtet werden und die – meist nur minimal – verlorengegangene Lageenergie durch eine Ausgleichsbewegung wieder ergänzt werden. Der Einradfahrer befindet sich beim Fahren im Dauerkampf um das Gleichgewicht.

Verschieden lange Objekte balancieren

Es ist bekannt, daß ein langes Objekt einfacher zu balancieren ist: ein Besenstiel läßt sich leicht auf der Hand balancieren, ein Bleistift nicht. Physikalisch betrachtet, führt ein Stab beim Umkippen eine Kreisbewegung mit konstanter Winkelbeschleunigung durch. Je länger der Stab ist, um so mehr Zeit benötigt er, einen bestimmten Winkel zu überstreichen. Ein langer Stab benötigt also mehr Zeit zum Umfallen als ein kurzer Stab. Durch die längere «Fallzeit» bei einem längeren Objekt bleibt mehr Zeit für Korrekturbewegungen.
Da das Einradfahren ein Balanceakt ist, ist es physikalisch betrachtet leichter, das Gleichgewicht auf einem Hoch-Einrad zu halten; hier bleibt mehr Zeit für Ausgleichsbewegungen, um auf die Bewegungen des Rades mit Korrekturbewegungen zu reagieren.

Kippbewegungen verschieden großer Einräder. Das lange Einrad benötigt zum Umfallen mehr Zeit, es bleibt damit mehr Zeit für Korrekturbewegungen.

Schlingerbewegungen

Einradfahren in einer Straßenbahnschiene ist ein aussichtsloses Unternehmen und führt unweigerlich zum Sturz. Das Radfahren ohne kleine oder kleinste Schlingerbewegungen ist mithin unmöglich – wieso?

Beim Fahren wirken verschiedene Kräfte auf das Einrad, einige dieser Kräfte werden, da sie mit Rotationsbewegungen verbunden sind, als Drehmomente bezeichnet. Die Antriebskraft auf dem Einrad, das Treten, erzeugt ein Drehmoment um die Nabe, quer zur Fahrtrichtung des Einrades, und dient der Raddrehung und damit der Fortbewegung. Das Treten erzeugt aber auch ein Drehmoment um die in Fahrtrichtung zeigende Achse. Diese Kraft führt bei jedem Runtertreten des Pedals zum seitlichen Kippen des Rades. Wenn das rechte Pedal runtergetreten wird, neigt sich das gesamte Einrad durch den Einfluß dieser Kraft ein wenig nach rechts, wird das linke Pedal runtergetreten, neigt sich das Rad in diese Richtung. Durch das wechselseitig leicht zur Seite gekippte Rad liegt der Reifen jeweils asymmetrisch auf dem Boden auf und ist dadurch gezwungen, ganz leichte Kurven, abwechselnd nach links oder rechts, zu fahren. Diese aneinandergereihten Kurvenfahrten sind die beim Einradfahren zu beobachtenden Schlingerbewegungen.

Da diese Schlingerbewegungen das Resultat einer physikalischen Gesetzmäßigkeit sind, kann es nicht erreicht werden, daß sie jemals vollständig verschwinden, deshalb gelingt auch das Fahren in einer Straßenbahnschiene nicht. Eine weitgehende Unterdrückung dieser Bewegung ist aber möglich. Dazu muß der Fahrer durch Ausgleichsbewegungen des Körpers aktiv gegensteuern. Es spricht für fortgeschrittenes Können, wenn es gelingt, mit dem Einrad so genau geradeaus zu fahren, daß die immer vorhandenen Abweichungen von der Geraden möglichst klein gehalten werden, so daß sie vom Betrachter optisch kaum noch wahrgenommen werden. Schlingerbewegungen treten bei allen Reifengrößen auf. Sie sind bei kleineren Rädern allerdings stärker ausgeprägt, größere Räder verhalten sich träger und damit auch stabiler gegen äußere Einflüsse.

Reibungskräfte

Die wichtigen Größen für den Einradfahrer heißen Haftreibung und Rollreibung. Als Haftreibung bezeichnet man die hemmenden Kräfte bei der Bewegung zwischen zwei aneinandergleitenden Flächen, die Rollreibung bezeichnet die hemmenden Kräfte beim Abrollen eines Rades auf dem Boden.
Ein rauher Bodenbelag und eine rauhe Reifenoberfläche, ein hohes Körpergewicht des Fahrers und ein sehr schwach aufgepumpter Reifen vergrößern die Haftreibungskräfte mit der Folge, daß sich das Einrad schwerer manövrieren läßt. Besonders Richtungswechsel auf der Stelle fallen dann schwerer. Umgekehrt vermindern ein glatter Untergrund und ein stark aufgepumpter Reifen sowie ein leichter Fahrer die Reibungskräfte. Durch die geringere Rollreibung rollt das Rad besser und leichter und kann auch leichter dirigiert werden. Durch die reduzierten Haftreibungskräfte steigt jedoch die Gefahr des Wegrutschens.

Drehungen um die Längsachse

Nach dem physikalischen Gesetz von actio und reactio löst eine Kraft eine gegensinnig wirkende Kraft von gleicher Größe aus. Sitzt man beispielsweise ruhig auf einem drehbaren Bürostuhl und hat nicht die Möglichkeit, sich mit Armen oder Beinen irgendwo abzustoßen, kann eine Drehung aus eigener Kraft nicht geschafft werden. Auch wenn man den Oberkörper und die Arme mit sehr viel Schwung in eine Richtung dreht (actio), dreht sich der untere Teil des Körpers in die andere Richtung (reactio). Actio und reactio neutralisieren sich als gleich große Kräfte, der Drehstuhl kann so nicht in Drehung versetzt werden.
Der gleiche Effekt wie auf dem Drehstuhl tritt auch bei Drehungen auf dem Einrad auf, vorausgesetzt, die aufgewendete Kraft ist stark genug, die Reibung zwischen Reifen und Boden zu überwinden. Das

ist meist dann der Fall, wenn auf dem Einrad starke und schnelle Arm- und Oberkörperbewegungen gemacht werden. Wird der Oberkörper beispielsweise kraftvoll und schnell nach links bewegt, dreht sich der untere Teil des Körpers mit dem Rad nach rechts. Wie auf dem Drehstuhl bremst sich die eingeleitete Drehung durch die Gegenkraft selbst ab.
Dennoch ist es möglich, das Einrad aus relativer Ruhelage ohne Pedalaktion auf der Stelle zu drehen und damit eine halbe Pirouette oder etwas mehr zu schaffen. Eine langsam ausgeführte Ausholbewegung des Oberkörpers erzeugt nämlich nur eine geringe Kraft und folglich auch nur eine geringe Gegenkraft, die nicht ausreicht, die Haftreibung des Reifens am Boden zu überwinden. Das Rad dreht sich in diesem Fall nicht in die andere Richtung.
Am Endpunkt der Ausholbewegung befindet sich der Körper in einer Verwringung, Hüftachse und Schulterachse stehen im Winkel von ca.

Das Prinzip von actio und reactio auf dem Einrad.
Schnelle und kraftvolle Oberkörperbewegungen in eine Richtung führen zur Drehung der unteren Körperteile und des Rades in die andere Richtung.

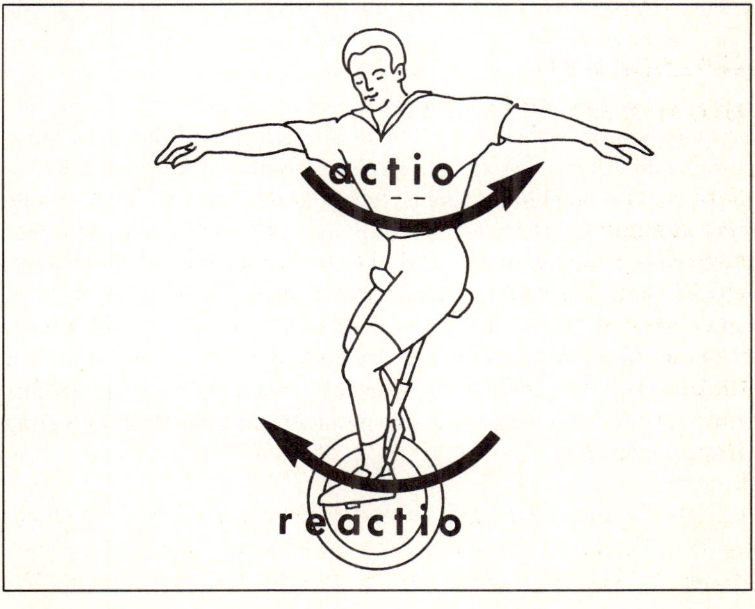

90 Grad zueinander. Wird aus dieser Position heraus die Verwringung aufgelöst und der Oberkörper schnell in die gewünschte Bewegungsrichtung gedreht, so kann sich der durch die schnelle Oberkörperdrehung erzeugte Drehimpuls auf den unteren Teil des Körpers und das Rad übertragen, mit dem Erfolg, daß eine halbe Drehung oder etwas mehr ausgeführt werden kann. Viel mehr ununterbrochene Rotation gibt diese Technik nicht her, denn die Reibungskräfte, die die Pirouette in dieser Art erst ermöglichen, sorgen auch dafür, daß die Drehbewegung schnell abgebremst wird. Mehrfache Körperdrehungen sind mit dieser Technik nur dann möglich, wenn man den beschriebenen Vorgang, langsames Ausholen, schnelles Drehen, ständig wiederholt. Dabei wird die Drehbewegung aber immer wieder durch Ausholbewegungen unterbrochen. Diese Technik ist deshalb nicht so schwierig, weil Längsachse und Drehachse von Anfang an zusammenfallen.

Ununterbrochene Rotationsbewegungen um die Längsachse, die deutlich über halben Drehungen liegen, können jedoch nur schwerlich ohne einen Drehimpuls von außen erzeugt werden. Eine Möglichkeit ist die, daß man sich an einer Wand abstößt oder sich von anderen Personen in Drehungen versetzen läßt (siehe Seite 129). Die Energie für mehrere Umdrehungen bekommt man aber auch, indem erst größere, dann immer kleinere Kreise gefahren werden, bis man sich zum Schluß ohne Pedalaktion nur noch auf der Stelle dreht. Die extreme Schwierigkeit dieser Technik besteht darin, daß die Längsachse beim Fahren von kleinen Kreisen jeweils ein wenig zum Kreismittelpunkt geneigt ist und beim Übergang zur Drehung auf der Stelle exakt senkrecht gestellt werden muß, da sie bei der Pirouette mit der Drehachse zusammenfällt. Dieser Übergang ist eine der Hauptschwierigkeiten bei einer angefahrenen Pirouette. Ähnlich wie bei einem Eiskunstläufer, der immer kleinere Kreise fährt, um dann die Pirouette zu zeigen, müssen die Arme eng an den Körper genommen werden. Dadurch, daß die Masse näher an das Drehzentrum geführt wird, verringert sich das Trägheitsmoment, und die Drehbewegung wird erleichtert.

Zur Geschichte des Einradfahrens

Angefangen hat alles mit einer der wichtigsten Erfindungen der Menschheitsgeschichte, der des Rades. Diese Erfindung wird auf ca. 4000 v. Chr. datiert und oft den Sumerern zugeschrieben. Wahrscheinlicher scheint es jedoch zu sein, daß Rad und Wagen zur selben Zeit in weit auseinanderliegenden Teilen der Alten Welt entwickelt wurden. Aus der sumerischen Stadt Ur stammt jedenfalls eine der ältesten erhaltenen Raddarstellungen (ca. 3000 v. Chr.), sie zeigt ein Rad als volle Scheibe.

Gespeichte Wagenräder waren ein weiterer wichtiger Schritt auf dem langen Weg zum Radfahren. Die ältesten erhaltenen Zeugen solcher Räder, die an Streitwagen angebracht waren, stammen aus dem Ägypten des 16. Jh. v. Chr.

Auch aus Ägypten (13. Jh. v. Chr.) stammt die Abbildung des wohl ersten zweiradähnlichen Fahrzeuges. Ein Mann sitzt auf einer Art Tragbalken, der mit zwei hintereinanderlaufenden Rädern verbunden ist. Die Abbildung befindet sich am mittlerweile stark verwitterten Obelisk auf der Place de la Concorde in Paris (Lemke/Gronen, S. 9).

Lange Jahrhunderte war es auf dem Gebiet des (Ein-)Radfahrens sehr ruhig, bis es Karl Freiherr von Drais im Jahre 1817 gelang, eine lenkbare Laufmaschine zu konstruieren.

Aber erst mit der Erfindung der Tretkurbeln am Rad durch den Franzosen Ernest Micheaux 1861 gelang ein weiterer, sehr wichtiger Durchbruch. Micheaux brachte die Tretkurbeln am Vorderrad an.

Ihm «verdanken wir es, daß beim Fahren die Füße von der Erde genommen wurden und die Laufbewegung des Herrn Drais durch seine Tretbewegung am Vorderrad ersetzt wurde» (Franke 1987, S. 114). Mit der Konstruktion des Micheaux-Rades waren die Entwicklungen zum Hochrad und zum Einrad schon vorgezeichnet. Das Rad von Micheaux hatte schnell Erfolg und wurde zu einem «Verkaufsrenner». Aber, wer mit diesem Rad längere Strecken zurücklegen wollte, mußte sehr schnell und oft treten, um voranzukommen. Nur ein größeres Antriebsrad, also ein größeres Vorderrad, konnte den Fahrer bei fehlender Gangschaltung und schneller Fahrt von hektischen Tretbewegungen befreien. Vergrößert man das Vorderrad des Micheaux-Rads und verkleinert das Hinterrad, so ist das Ergebnis ein Hochrad. Das hintere Rad verkümmerte bei dieser Entwicklung immer mehr zum Stützrad, auf das einige Fahrer bald verzichten konnten oder wollten. Der Verzicht auf das Hinterrad des Hochrads war wahrscheinlich die Geburtsstunde etlicher Einräder.

Zum Einrad hin gab es aber noch eine andere Entwicklungslinie derjenigen Konstrukteure, die von Anfang an den Traum hatten, auf einem Rad fahren zu können. Die meisten dieser mehr oder weniger begnadeten Exzentriker ahnten bei ihren Vorhaben sicher nicht, daß spätere Generationen über ihr Vorhaben folgendermaßen urteilen würden: «Wenn die Größe einer Erfindung in ihrer Einfachheit liegt, dann mußte das Einrad geradezu genial sein» (Rauck u. a. 1979, S. 54). War auch die Idee häufig genial, die Praxis des Fahrens war das Problem, an der die Verbreitung derartiger Erfindungen scheiterte. Das erste einradähnliche Gefährt war das «Pédocaètre» des Franzosen M. Davis aus dem Jahre 1853, handbetrieben und für zwei Personen. Der Engländer J. Hobby konstruierte 1870 ein riesiges Einrad. Der italienische Turnlehrer Scuri baute 1880 ein Einrad, mit dem er die Strecke Mailand–Turin (ca. 200 km) zurückgelegt haben soll.
Dennoch war auch zu dieser Zeit (ungefähr zwischen 1880 und 1890) besonders das Einradfahren und auch das Hochradfahren ein Spaß für nur sehr wenig Leute.
Ein Hochrad zu beherrschen stellte eine erhebliche sportliche Leistung dar. Die Sitzposition des Fahrers lag fast genau über der Vorderachse und stellte damit einradähnliche Anforderungen an die Geschicklichkeit und die Übung des Fahrers. «So blieb das Hochrad den

**a: Draisine, b: Micheaux-Rad,
c: Hochrad,
d: Einrad, die Entwicklung
des Einrads über das Hochrad**

a: Pédocaètre, b: Hobbys Einrad,
c: Scuris Einrad, die eigenständige Entwicklung zum Einrad

jungen sportlichen Männern vorbehalten. Es war mit 20 bis 25 Stundenkilometern doppelt so schnell wie die vorangegangenen Laufmaschinen oder Tretkurbelräder» (Franke 1987, S. 14). Auf dem Hochrad fahren zu können war etwas Besonderes, mit dem man sich von der Masse unterscheiden konnte: «Es besteht kein Zweifel, daß die Vermehrung der Risiken, die der ehrgeizige Hochradfahrer einging, auch zu seinem Stolz und Selbstbewußtsein beitrug. Für ihn verhielt sich in der Folge Hochrad zu Niederrad wie Stahlroß zu Drahtesel. Hochradfahren war in der Konsequenz Artistik (...). Verfolgt man diese artistische Linie, so ist tatsächlich das Einrad die konsequenteste Lösung; sie ist die unstabilste und bedarf wie keine andere sonst der Equilibristik, der Kunst des Gleichgewichthaltens. Dieses zu halten, ist für die meisten Menschen beim Zweirad kein Problem; (...) Aber das Einrad verlangt den Akrobaten. Psychologisch ist es sehr verständlich, daß diesen Schritt des Abhebens große Gruppen von potentiellen Fahrradnutzern nicht mitgemacht haben» (Krausse 1987, S. 45).
Damit wird deutlich, daß die Entwicklungen über das Hochrad zum Einrad einerseits und die eigenständige Entwicklung des Einrads andererseits in der Fahrradgeschichte nur unbedeutende Nebenentwicklungen darstellten. Die Hauptentwicklung des Fahrrades ging über den Kettenantrieb des Hinterrads zum «normalen» Zweirad, dessen Siegeszug Hoch- und Einräder zu ungleich schwerer zu fahrenden, gefährlicheren und unattraktiven Relikten verurteilte.
Das Hochrad und das hohe Einrad erlebten in den letzten Jahrzehnten des vorigen Jahrhunderts eine kurze Blütezeit, das Können der Kunstradfahrer und Radartisten wie Nick Kaufmann (USA), Auguste Gouget (Frankreich) und Gustav Marschner (Deutschland) war zu dieser Zeit legendär. Bei verschiedenen Wettbewerben traten die Artisten auf dem Rad gegeneinander an (siehe Abbildungen S. 168/169). Einige Übungen lassen deutlich erkennen, daß sich etliche Varianten, auf einem Rad zu fahren, aus dem Hochradfahren entwickelt haben.
Sollte sich Kaufmann bei seiner zweiten Übung (siehe Abbildung S. 169 oben Mitte) auf dem Rad bewegt haben und nicht nur auf dem Rad gestanden haben (was wahrscheinlich ist), dürfte dies eines der ersten Bilder vom Wheel-walking sein. Die dritte Übung von Kaufmann zeigt, daß Einradfahren auf dem Hochrad auch ohne den Umbau des Hochrades möglich war.

Konkurrenz-Kunstradfahren in der Alberthalle des Kristallpalastes zu Leipzig am 6.3.1892 im Rahmen des Sportfestes des Sächsischen Radfahrerbundes (Illustrirte Zeitung vom 19.3.1892).

Konkurrenz um die Meisterschaft im Kunstradfahren von Europa im Jahre 1894 in Leipzig (Illustrirte Zeitung vom 10.3.1894). Bild 1–6 Übungen von Kaufmann, Bild 7–10 Übungen von Gouget.

Die Einradfahrer jener Zeit maßen ihre Kräfte aber nicht nur im Kunstfahren, Radrennen ausschließlich für Einräder, so beispielsweise 1886 in Greiz, wurden auch veranstaltet (links: Marschner, Dresden, 3. v. links: Heine, Hannover).

Bequem allerdings dürfte das Rennen nicht gewesen sein. Die Einräder waren zu dieser Zeit noch mit Vollgummi-Reifen ausgestattet, die luftgefüllten Gummireifen fanden erst in den 90er Jahren durch Dunlop und Michelin Verbreitung.

Mit dem Ende des 19. Jahrhunderts endete die «wilde Zeit» der Radentwicklung, die Zeit des Experimentierens, des Ausprobierens, der Rennen und Wettbewerbe ohne bis ins letzte festgelegte Regeln, eine Zeit, die auch viele andere kreative und kuriose Lösungen bei der Einradentwicklung hervorbrachte. Klar, daß die Tüftler und Bastler, die genialen oder verschrobenen Konstrukteure, nie das Risiko scheuten, ihren Eigenbau auch selbst probezufahren.
Spätestens in den letzten Jahren des 19. Jahrhunderts hatte sich das Zweirad als Niederrad weit überlegen durchgesetzt, 1903 hatte die

Radabrüstung. Die meisten der frühen Einräder konnten ihre Herkunft vom Hochrad nicht verleugnen, zuerst wurde das Stützrad mit dem Sattel vom Hochrad entfernt (links, Einradartist Felix Brunner, München), später auch der Lenker mit der Gabel, übrig blieb nur das Rad mit Tretkurbeln und Pedalen (oben, Arthur Streubel, Leipzig).

erste «Tour de France» einen Riesenerfolg, für Hoch- und Einräder bestand kaum noch Nachfrage, die Kunst, darauf zu fahren, geriet in den folgenden Jahrzehnten mehr und mehr in Vergessenheit. Auch bei den Kunstradfahrern setzte sich das Niederrad durch, Wettbewerbe im Kunstradfahren werden bis auf den heutigen Tag ausschließlich auf Zweirädern ausgetragen. Dennoch wird bei den Kunstradfahrern das Einradfahren weiterhin gepflegt, allerdings meistens auf dem Zweirad.

Die Kunst des Einradfahrens war in der darauffolgenden Zeit meist ausgesprochenen Individualisten vorbehalten und Artisten, die das Einradfahren zu einer Zirkuskunst entwickelten. Der Siegeszug des Niederrads wirkte sich auch erheblich auf die Konstruktion der Einräder aus, die Räder bekamen kleinere «normalere» Dimensionen und ähnelten schon bald den Einrädern, wie sie heute gebaut werden.

Adolf Günter posiert nach seinem Rekord von 200 km auf dem Einrad um den Bodensee. Bis auf den Lenker gleicht dieses Einrad aus dem Jahre 1910 schon modernen Einrädern.

Anhang

Literaturhinweise

Altig, Rudi / Link, Karl: Optimale Radsporttechnik 1: Grundlagen. Oberhaching 1985.

August, Helga: Kleines Lexikon der Superlative. München 1989.

Böhm, Ludwig / Born, Hans: Das Kunstradfahren. Tenningen 1976.

Franke, Jutta: Illustrierte Fahrrad-Geschichte, Materialien. Museum für Verkehr und Technik. Berlin 1987.

Freiwald, Jürgen: Aufwärmen im Sport. Reinbek bei Hamburg 1991.

Grosser, M. / Neumaier, A.: Techniktraining. München, Wien, Zürich 1982.

Hotz, A. / Weineck, J.: Optimales Bewegungslernen. Erlangen 1988.

Huisman, Bennie und Gerard: Akrobatik. Vom Anfänger zum Könner. Reinbek bei Hamburg 1988.

Knebel, Karl-Peter: Funktionsgymnastik. Reinbek 1985/1991^{10}.

Krausse, Joachim: Velo-Evolution, in: *Wietzer, Rolf / Schmidt, Maruta* (Red.): FahrradLiebe. Berlin 1987.

Kukla, D.: Radsport, in: *Pförringer, W. / Rosemeyer, B. / Bär, H.-W.* (Hg.): Sporttraumatologie. Erlangen 1981.

Kümmel, H.-H.: Das neue Guinness Buch der Rekorde. Frankfurt a. M./ Berlin 1990.

Lemke, W. / Gronen, W.: Geschichte des Radsports und des Fahrrads von den Anfängen bis 1939. Eupen 1978.

de Marées, H. / Mester, J.: Sportphysiologie I. Frankfurt a. M. 1981.

Rauck, M. / Volke, G. / Paturi, F.: Mit dem Rad durch zwei Jahrhunderte. Aarau / Stuttgart 1979.

Syer, John / Connolly, Christopher: Psychotraining für Sportler. Reinbek bei Hamburg 1988^{2}.

Wiley, Jack: The Complete Book of Unicycling. Lodi, California 1984.

Zorn, Henk: Radsport. Reinbek bei Hamburg 1991^{2}.

Produzenten von Einrädern

D. u. G. Siegmon,
Rodenbeker Weg 3,
24113 Kiel
04 31/64 14 14

Pichler Radtechnik,
Steinstr. 23, Gewerbehof,
76133 Karlsruhe

Sem Abrahams Engineering,
P. O. Box 1675,
3600 BR Maarssen,
Holland

DM Engineering,
r/o 59 Fairmile Road,
Christchurch,
Dorset,
BH 232 LA,
Great Britain

Bildquellen

Bildarchiv Preußischer Kulturbesitz: Seite 168, 169
Armin Bittner: Seite 11
Deutsches Museum München: Seite 166 (b) und (c)
D. M. Engineering/
DM Ringmaster Unicycles: Seite 16
Internationales Jonglierarchiv Karl-Heinz Ziethen: Seite 152, 153
Joachim Krausse: Seite 165
Pichler Radtechnik: Seite 14, 133, 135
Radsport-Archiv Wolfgang Gronen: Seite 23, 166 (a), 170, 171 (2), 172
Dagmar Siegmon (Siegmono Cycle): Seite 20
The Walt Disney Company (Germany) GmbH: Seite 13, 21
Gerd Waree: Seite 111

Der Autor

Sebastian Höher (Jahrgang 1953) hat an der Freien Universität Berlin Sport studiert und ist Sportlehrer an einem Berliner Gymnasium. Nach einer Zeit des leistungsorientierten Sporttreibens, u. a. als Deutscher Meister und Nationalmannschaftsmitglied im Karate, suchte er eine neue sportliche Herausforderung und fand sie zuerst im Jonglieren und später im Einradfahren. Das Einradfahren erlernte er zunächst als Autodidakt, wobei er seine Übungen und Lernschritte von Anfang an aufschrieb.
Durch die Bekanntschaft mit Eckhard Euen, einem hervorragenden Einradfahrer, lernte er viele Feinheiten auf dem Einrad dazu. Parallel zum eigenen Lernen und Üben hat Sebastian Höher vielen Leuten das Einradfahren beigebracht. So konnte er seine Methode, deren Kern die vielfältigen Übungsaufgaben sind, in der Praxis ständig weiter verfeinern.

Freizeitsport

Der Triathlon-Trainer
Die besten Programme
(sport 61012)
von Herrmann Scharnagl

Das Basketball-Handbuch
(sport 19427)
Hg. von Günter Hagedorn, Dieter Niedlich und Gerhard J. Schmidt

Bodybuilding
Die besten Übungen
(sport 19483)
von Berend Breitenstein

Runner`s World: Marathon
Die besten Programme
(sport 61010)
von Thomas Steffens

Trainingsbuch Indoor-Cycling
Die besten Programme für Ausdauer und Gesundheit
(sport 61008)
von Ingo Froböse

Rückentraining mit dem Thera-Band®
Fit und gesund mit Kleingeräten
(sport 61001)
von Hans-Dieter Kempf

Trainingsbuch Fatburner
Der leichte Weg zum richtigen Gewicht
(sport 19498)
von Sabine Kempf

Jonglieren
(sport 19434)
von Adrian Voßkühler

Krafttraining mit dem Thera-Band®
Die besten Übungen
(sport 19484)
von Hans-Dieter Kempf und Andreas Strack

Tanzen
Die wichtigsten Schritte für Anfänger und Wiedereinsteiger
(sport 19451)
von Kurt Braunmüller

Tennis-Funktionsgymnastik
Tischtennis, Badminton, Squash
(sport 18621)
von K.-Peter Knebel, Bernd Herbeck, Susanne Schaffner

Weitere Informationen in der **Rowohlt Revue**, kostenlos im Buchhandel, und im **Internet: www.rororo.de**

rororo sport

6041/2